优阅吧

再見，老男孩

筷子兄弟 作品

Bye Bye, Old Boys

Chopsticks Brothers

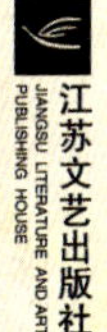

肖央

/

/

/

这些琐碎文字有些是为了泡妞而写，但更多是因为我感到了些许愤怒和生活的操蛋，而现在回忆起来，那些原本觉得操蛋的岁月、那些开始追忆过去的日子居然也如此让人怀念。青春是没有理由的美好，因为那代表着热血、梦、初次、天马行空和无所畏惧。

真怕将来某一天，成长演变成枯萎时，要靠在大脑里不断回锅那些操蛋又让人愤怒的岁月来抵抗规律与环境，找回信心和尊严。

王太利

/

/

/

此刻的我，眼前回闪的是无处安身、疲劳地坐在深圳香格里拉酒店大堂打瞌睡被保安轰出的太利，是在外面买一个便宜面包却跑去麦当劳撒上番茄酱的太利，是铺上满地报纸来精心装扮新租地下室的太利，是穿一身笔挺西装谈业务被人送出时看到骑破自行车的尴尬太利，是酒后自己跟自己对话的太利……

杜鹏

/

/

/

转眼数年，我突然发现，如果不想让自己沉沦，你必须要拒绝，你必须要坚持，渐渐，我学会了拒绝，我学会了坚持，还好，曙光就要闪现，而我还活着。

韩秋池

/

/

/

我人生最大的梦想就是加入少年先锋队。我的成绩一般，所以入队最大的希望就寄托在个人先进事迹上。没事儿的时候，我就希望路上能遇到个穷凶极恶的犯罪分子，与其搏斗一番；又或是同班同学不慎落水，我挺身相救……

梦想如酒，人生不能没有酒，却也不可天天有。

即便梦想在人生中断层，光芒照不进现实之中，但我们对于梦想的回忆与追逐，却和生命一样珍贵。生命有绽放与枯萎，梦想也如是。

黄家驹、邓丽君、张国荣、梅艳芳、杰克逊……

各个昔人已乘鹤西去，白云千载空悠悠。当年文艺范儿的小青年们也放下了琼瑶奶奶的作风，为生计奔波，为房价和CPI发愁，渐渐人到中年万事休。

——豆瓣网友 观花落叶

当你年轻的时候，每件事都像世界末日，其实不是的，那只是开端而已。

每个人都有属于自己的一片森林，迷失的人迷失了，相逢的人会再相逢。

当初分手的时候，哭着说离别，说离别是为了更好的相聚，现在却已经习惯了离别。时间跑得太快，或许我们真的要停下来感受一下逝去的时光，听一听初心的声音。

难道岁月匆匆，留给我们的就只有无奈、迷茫和叹息吗？

我总觉得青春给予我们的不该只是这些，生活给予我们的亦不该只是这些。那么究竟该是什么样呢？

诸多梦想，不知几时已悄然成为梦中才能想的，又或是想都不敢想的。爱情如面纱，生活如幻影，一切都渐渐沉淀、沉沦、沉睡。当这两个老男孩站在台上那一瞬间，才意识到，原来我们仍然可以继续怀揣梦想生活下去。

男孩们，老男孩们，还有那些女孩们，也许还有大女孩们，爱情和梦想一样重要，梦想只要你还有时间就能从头再来过，可是爱情却是稍纵即逝，彼此珍惜眼前的那个人，还有你们共有的梦想。记住，最好的保质就是彼此拥有。

——豆瓣网友 Or

当初喜欢的女孩，当初的记忆，就算最后什么都没有得到，但努力过，这努力和最初的梦想就悄然变成了存在于这世间的沉静意志，足以致远。

现实像个石头，精神像个蛋。石头虽然坚硬，可蛋才是生命。

如果有明天，祝福你，亲爱的。

——豆瓣网友 鲁伊

目录
Contents

再見，老男孩

梦想无论怎样模糊，总潜伏在心中；我们的心境永不安宁，直到这些梦想成为事实。

老男孩，这三个字不过是一场梦演化的符号，梦醒后，一切按部就班，回归平淡，一如往昔。

肖大宝没死，却如同死人一般活着，比苟且存活都不如，世间一切繁华喧嚣都与他失去了关联。他不会再为谁而笑，不会再为谁而悲，那双明澈的双眼如今只能空洞地看着天花板，一动不动。

谁都知道，这个叫做植物人。

肖大宝和王小帅谁也不曾料到，在未来漫长的岁月里，在那琐碎平淡的生活中，彼此都将是永生的伴儿。但谁也更不曾想到，在通往飞黄腾达的路上，一定会点缀着破碎的友谊，这是英国的威尔斯说的，这像是一个预言，更像是一个诅咒。

肖大宝颠沛流离地混迹了四五年，从一个怀揣梦想的少年变成了一个没钱、没才、没貌的“三无”男人。做倒爷的那段岁月，肖大宝唯一给自己添置的东西就是一辆不知道几手的奥拓，以及一段差点儿结成正果的缘分——李芳。

除去睡眠，人一生只能活一万多天，王小帅觉得自己和别人不一样的地方就是，别人是活了一万多天，而自己却只是活了一天，重复了一万多次。

他最近时常拷问自己：曾拼了命相信的东西都是真的吗？在这个物欲横流、四处浮夸的城市，谁可以为自己的青春作一个见证？

一切都是命运，是烟云；一切都是没有结局的开始，是稍纵即逝的追寻；一切欢乐都没有微笑，苦难都没有泪痕；一切交往都是初逢，往事都在梦中。一切希望都带着注释，信仰都带着呻吟。

再見，老男孩

引言
一场梦演化的符号

在我们生命的每一个时期，都会有被生活所激发、被岁月所覆盖的故事，那些故事本身，那些出现在故事中形形色色的人，总值得让人凝视，并为之开怀大笑，为之泪流满面，为之遗憾欷歔，为之久久沉默……或许昨天我们还觉得未来遥不可及，一辈子很长很长，忽然就都成了往事。一切如梦幻泡影，如露亦如电。我们来不及品味青春，就开始蹉跎人到中年。生活像是一把无情刻刀，那些曾信誓旦旦要实现的梦想与愿望，谁还会记得呢？那些我们曾深爱过的人，谁还会提起呢？

或许有人会记得，无论多久多久，总有些讨厌的人会记得那些让人热血澎湃的画面，热血已凝固，但总有点燃的那一刻。一个人有梦想，为之奋斗，为之努力，为之坚持，成功与否听天由命，但不该让梦想死在怀里。

梦想无论怎样模糊，总潜伏在心中；我们的心境永不安宁，直到这些梦想成为事实。尽管事实或许只是一刹那的光景，但生活的意义很多时候就是这样，一生只为一瞬，一瞬决定一生。因为我们不会永远年轻，不可能永远装嫩，不可能永远不知好歹，不可能永远热泪盈眶……

老男孩，这三个字不过是一场梦演化的符号，梦醒后，一切按部就班，回归平淡，一如往昔。

一首自弹自唱的歌曲，一段变了形的迈克尔·杰克逊舞蹈，遮住了生活中所有的悲欢离合，这就是肖大宝和王小帅的生活，这就是肖大宝和王小帅的故事，而他们的故事也只是人潮人海中的简单一幕。

属于他们那个时代的青春随着迈克尔·杰克逊的去世而宣告结束，属于他们的梦想也随着断电的校内联欢会戛然而止，属于他们的生活正在狼狈不堪地上演着，但是他们不曾后悔，因为年轻过、大笑过、荒唐过、流泪过、悲观过、失望过、梦想过、实现过……剩下的，只是保持呼吸，不要断气，好好活着。

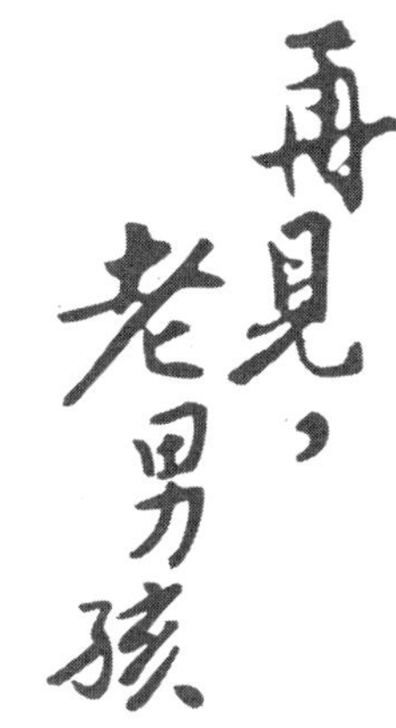

第一卷
植物人的肖大宝

肖大宝没死，却如同死人一般活着，比苟且存活都不如，世间一切繁华喧嚣都与他失去了关联。他不会再为谁而笑，不会再为谁而悲，那双明澈的双眼如今只能空洞地看着天花板，一动不动。

谁都知道，这个叫做植物人。

_00

我们一无所有时，生活总是如此波澜不惊，我们如同耷拉孙儿一般四处打晃儿，不充大个儿不添乱，不闹幺蛾子不添彩儿，每天都像极了卑微虫儿，处处与人方便，尽管如此，我们却活得心安理得，平静如昔。

我们飞黄腾达时，却时常被自己晃晕，无限地造作，可劲儿地折腾，之后迷失在漫长的生命旅途之间。这时，没有声音出现让我们知道自己是谁，懂得置身何处，明白路该如何去走，但总有一些代价，让我们蓦然惊醒……

_01

这个时代是如此混乱，出路只有两条：要么混着天黑等死，要么乱世出个枭雄。王小帅始终这么认为，他一向很悲观，做不了枭雄，只希望安静老去。

几个月之前，他只是一个无人问津的理发师，混着一个个的天黑，然后等待自己的生命指针停止。很多次，他都在幻想，一夜之间，日子就过到头儿了，那该有多好，然后将一世过往、所有悲欢统统打包，和这个世界说一句晚安，等待着另一个世界醒来后的早安。他不会感到遗憾，因为生活是一幅无涯的壁画，无尽无头，无论你怎么折腾，也不过是时间里的一个过客，生活中的一抹单一色彩。生不能永恒拥有什么，死也谈不上真正失去什么，一切都是人心，如风中止不住的经幡。

几个月之后，他莫名其妙地成了瞬间红遍大江南北的草根组合——“筷子兄弟”中的一员，一切都来势汹汹，让人猝不及防。走在街上，形形色色的人擦肩而过，他感觉似乎每一个微笑，每一个眼神，每一句问候，都如此带有深意，像是恭维，像是赞赏，像是讴歌，又像是准备了好钱随时心甘情愿地奉上，这一切让他时常忘了自己，犯了所有人都容易犯的错误——主观指导客观，这错误的代价就是让他美化了生活。

此时的王小帅正拖着沉重的步伐从医院走出来，然后打开车门颓废地坐在车里，他不想回家，不想那个胖女人唠叨自己，也不想去见任何人，他一支支地抽着烟，脸阴沉得像是寒霜，眼神迷茫地看着这座城市的夜晚，车水马龙，人来人往，一切如同白昼，一派繁荣盛世之景。此刻，他忽然觉得这个世界如此喧嚣不堪，如此破败凌乱，处处腐朽，空气之中处处弥漫着让人作呕的味道。

王小帅觉得自己成功了，多年埋在心里的梦想终得以实现，而且一切顺利得让他不敢想象，可他又觉得自己彻底失败了，因为他丢了一件很重要的东西，他不停地寻找，那个东西当年有，现在已不复存在，可他又想不起来那个东西是什么。很久很久以后，他才知道那个东西叫做纯真。

实现梦想的路上，我们总是会失去很多东西；梦想实现的时候，我们依然会失去很多东西。那些滚烫的泪、那些苦涩的笑、那些蹉跎的岁月、那些离开的人、那些无法挽回的后悔、那些破碎的友情……

为什么我们总是在物是人非之后，才明白自己该珍惜的到底是什么？

为什么我们总要到时过境迁之后，才明白自己人生的道路该如何走？

……

_02

肖大宝和王小帅从未想过出名会是如此轻松、如此迅猛，感觉刚做了一个梦，醒后梦中所有的一切，就那么现实地摆在面前，一切都来得如此仓促，让他们来不及体味喜悦，便匆匆上路。

“‘筷子兄弟’签约仪式开始。”主持人喊道，台下喧哗瞬间安静。

肖大宝和王小帅人模狗样地穿着西服，表情紧张地僵坐在主席台前。台下是大小娱乐媒体，闪光灯铺天盖地，让两人低头不敢直视。

“抬头，保持微笑。”包小白坐在两人旁边，小声说道。

肖大宝和王小帅带着僵硬的笑容看着台下，台下所有媒体记者哄然大笑，因为他们从没见过这比哭还难看的笑容。

“我们之所以签约‘筷子兄弟’就是要挖掘草根人才，他们两个人有着极大的提升潜力。我一直相信高手在民间，而‘筷子兄弟’就是深藏在民间的宝，相信不久的将来，他们一定会成为内地一线合唱组合，足以比拟羽·泉的级别。”包小白说道，“同时告诉大家一个好消息，在我们公司制作团队的帮助下，‘筷子兄弟’的第一张原创专辑即将面世，请大家拭目以待，另外他们的歌友会、新专辑见面会也会在近期举办。”

台下响起经久不息的掌声。

_03

“包总，真的要包装‘筷子兄弟’啊？”助理赵大刚问道。

包小白坐在意大利进口的沙发上，惬意地抽着烟：“为什么不呢？赚钱的机会谁想错过？到嘴的肉你不吃，有的是狼抢。”

“可是，那哥儿俩岁数大、长得土，一个唱高音跑调、一个跳舞动作变形，要什么没什么，谁认啊？”

“草根，要的就是他们那草根的范儿！听听，一个理发师，一个婚礼司仪，两个社会底层的小人物，不甘命运摆布，为了梦想苦苦追寻，这就够了，他们的优势不是多么专业的唱或跳，他们的优势就是——讹诈大众道德，唤起人们内心的善良来打感情牌，这比帅哥靓女那套管用多了。过几年，这个劲儿过去了，咱们从他们身上钱也没少赚了，大家一拍两散。有时间，你找几个记者，多曝光他们以前的生活，越惨越好。”

“高，包总就是高，哦，对了，包总，听说那两人是你同学？”

包小白瞬间沉默，然后举起拿烟的手，看着手背上那永不消失的伤疤，胸口像被刀子刺入般抽搐了一下——那是很多年前，肖大宝带着他和别的学校孩子打架时，一个三棱刮刀留下的印迹。

那时候，他们喜欢在夕阳下的校园内，看着夜鸟盘旋，看着夕阳西沉，一起探讨着什么叫爱情、什么叫人生、明天的考试怎么抄以及一些低俗的成人笑话，然后一起躺在学校的楼顶，看着无尽的天空，憧憬着未知的未来。那些画面，也如同他手上的伤疤一样——永不消失。

“谁说的？”包小白瞪了一眼助理。许久，他淡淡说道：“你出去，我累了。”

助理走出去后，包小白掐灭了烟头，躺在沙发上愣愣地看着天花板，天花板似乎瞬间变成了电影的幕墙，播放着埋藏在包小白记忆深处的一段段回忆。渐渐地，包小白睡着了，他做了一个梦，在梦中，他和肖大宝、王小帅等若干人一起在夕阳下，肖大宝弹着吉他，他们所有人都跟着唱那首叫做《小芳》的歌曲：

谢谢你给我的爱

今生今世我不忘怀

谢谢你给我的温柔

伴我度过那个年代

多少次我回回头看看走过的路

衷心祝福你善良的姑娘

多少次我回回头看看走过的路

你站在小河旁

_04

"筷子兄弟"新专辑《老男孩》发布会。

"'筷子兄弟',请问你们这张专辑里的歌曲都是原创吗?"

王小帅刚要张嘴回答,却被肖大宝抢了先。

"当然,我们只坚持唱自己的歌。"肖大宝神情自若,相比刚签约时的不知所措,现在的肖大宝已经完全适应了应付记者的那一套,油腔滑调,避重就轻。

"那你们谁负责作词、谁负责作曲,还是一起?"

"基本上都是我自己作词、作曲,小帅只是录歌时和我一起和声。"

"你们觉得身为草根歌手,和专业歌手比较,优势是什么?"

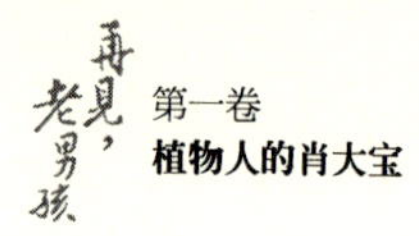

"我们的优势就是……"王小帅刚说话，却又被肖大宝打断。

"真实。我们出身于草根，出身于民间，我们不是高高在上的大明星，我们身上有着俗人所拥有的一切缺点。我们从不刻意掩饰什么，也从不需要炒作什么，我们不是偶像歌手，我们只是坚持原创的草根歌手，把我们生活中所有悲欢离合都转化成音乐。我们要的不是多么专业的声线，我们要的是能唤起大众共鸣的感情。"肖大宝继续说道，"其实，我们最终的目的就是要让所有人都知道，特别是那些年轻人，只要你有梦想，只要你坚持，早晚会有实现的一天！"

台下的掌声淹没了王小帅神情的抑郁，这已经是第几次了？每次面对记者都是肖大宝侃侃而谈，渐渐地，再有记者提问的时候都是对着肖大宝，自己总被遗忘在一个小角落，王小帅甚至觉得，要他一起出席，其实就是为了告诉大家"筷子兄弟"还在一起，仅此而已。

新专辑的见面会结束后，包小白包了一桌酒席，为了给肖大宝、王小帅一个惊喜，包小白偷偷叫来了以前的老同学，大家在一起喝着、笑着、闹着，一起回忆上学时候的种种，那些在光阴中渐渐淡了的记忆，被集体的力量重新回炉之后，再次焕然一新，留在每个人的脑海。

一张张喜笑颜开的脸上都挂着无尽的亢奋，时间和空间似乎在气氛的渲染下扭转了韶光，每个人都回到了很多年前那个破落却干净的教室，窗外是蔚蓝的天空，窗内是一群喧嚣的学生。

每个人都给肖大宝由衷的祝贺，轮着班儿地和他推杯换盏，而给王小帅的仅仅是"跟着肖大宝好好混"的勉励。

王小帅自斟自饮地一杯杯喝，渐渐地，意识有些模糊了，而压抑在内心的愤怒也渐渐涌上心头了，好在饭局这时也快散场了。

“给。”肖大宝醉眼蒙眬、神情得意地把车钥匙递给王小帅，“送我回去。”

王小帅默默接过钥匙，欲言又止地看了一眼肖大宝，然后晃晃悠悠地下楼去开肖大宝刚换的宝马五系。

_05

凌晨，世间依旧喧嚣，路灯将这座城市的黑夜耗尽，如同白昼。每一家KTV和酒吧仍然笙歌漫天，来往的男人和女人络绎不绝，许久后，他们摇摆着、舞动着、扭曲着、相拥着走出来，之后消失在一个又一个酒店或者一辆又一辆车里。

这座城市如此浮躁，很久以前，他们对这样的生活充满不屑，而荒唐的是，如今他们也是这夜行人中的一分子，流连忘返，乐此不疲。

已是初秋了，四季分明的北京突显肃杀，冷风从四面八方吹来，肖大宝下车吐了三起儿，冷风渐渐将他吹醒，头痛欲裂。

肖大宝早年的奥拓早已鸟枪换炮了，但那把吉他挂件，始终挂在反光镜上摇摇晃晃。王小帅在赚钱之后也买了一辆本田SUV，他那个小小的理发店已变成了一家中等的美容院，交给了老婆郝芳。总之，他们的一切都在悄然变化着，只是他们已被繁忙的节奏架空了，每天都在疲于奔命地走着，灵魂渐渐跟不上，甚至没有时间去感受浮躁生活中迷失的自己，少了追梦时的那份纯真，有的只是无尽膨胀的虚荣。

很多年后，包子总结过所谓的“名人”——没出名前，别人不知道自己是谁；出名后，自己不知道自己是谁……

车内放着两个人的专辑，两人彼此沉默。王小帅表情阴郁，愣愣地看着前方的路，肖大宝闭着眼睛，开始小睡起来。

“宝儿，宝儿。”王小帅捅了捅肖大宝。

“怎么了？”肖大宝睁开眼睛看看四周，还没到家。

“我想和你谈谈。”王小帅点了一支烟递给肖大宝，然后又自己点了一支。

“哦，说。”

“什么叫筷子？”

“筷子就是吃饭……嗯？你什么意思？”

“我怎么忽然觉得咱们不是筷子兄弟啊？咱们就是一根筷子和一个大勺的组合。你就是那个大勺子，我就是那根筷子，你一勺能捞出十块肉吃，我一根筷子什么都捞不着。”王小帅的情绪忽然有些激动起来，“我就是想说——这他妈的不公平！”

肖大宝怔了一下，然后看了看王小帅，有些愤怒：“你不知足？每次赚的钱咱俩都是平掰半劈，我他妈哪点儿亏你了？”

“我说的不是这些！你看看，现在每个记者、每个观众甚至每个朋友都在说，‘筷子兄弟’就是你一个人在挑大梁，就是你一个人的独角戏，我就是一个可有可无的配角儿，没有我你照样风光无限，没有你我就一文不值！”王小帅吼道，“什么狗屁的筷子兄弟？放屁！全是放屁！”

“你觉得不公平，那面对记者的时候你去说啊？给没给过你机会？给你了，可您一张嘴就他妈的胡说八道，满嘴跑火车，拽都拽不回来。包子说过你几次了？屡教不改，怪谁？看菜吃饭，量体裁衣，你干不了的事儿你争什么争？要说放屁也是你，面对话筒就开始大脑短路地放屁！”肖大宝也不甘示弱地吼道。

“对，我放屁。你好，你好，你什么都好，作词作曲是你，回答记者问题是你，重点宣传也是你，每个人捧着你、惯着你，什么都是你，我走，我走，成吧？我活了三十多年，算我四六不懂，成吧？我不耽误您功成名就，成吧？我别给您扯后腿！”王小帅红着双眼，“从今儿开始，从现在开始，‘筷子兄弟’就是绝响了，我退出！你一个人爱怎么折腾怎么折腾，我管不着，我羡慕、我嫉妒、我眼馋那是我的事儿，我躲没人地儿闹心去，不让你看见，成吧？我看着你，我看着你一个人能折腾成什么样儿！”

“王小帅，你还别拿这话威胁我，这演唱组合分分合合本来就不是一个什么大不了的事儿，威胁谁啊？真逗！走，你走，你滚蛋，你接着回你的理发店给人家烫头发去，我要让你看看，我肖大宝一个人儿能不能扛起来！”肖大宝也狠起心来说道。

十分钟过去了，两个人绞尽脑汁搜寻着恶毒语言彼此攻击，如同两只暴怒的疯狗，彼此狂吠。每个人都觉得委屈，每个人都想通过打击对方来宣告自己的正确。

王小帅看到那棵树时，一切都来不及了，唯一能做的就是本能地打了把方向盘，将自己的位置错开那棵树，而剩下的，他已顾不了那么多了。

“咚”的一声巨响，一棵粗壮的树拦腰截断，一辆银灰色的宝马被反弹出去，之后侧翻。

世界仿佛安静了。

王小帅忍着肩膀的巨痛爬了出来，回头想看看肖大宝，映入他眼帘的只有肖大宝那满脸血污的狰狞和紧闭的双眼……

王小帅彻底傻了，仅存的意识告诉他不能报警，因为他喝酒了，但他也忘了打急救电话。“啊”地大叫一声，王小帅狼狈不堪地朝远方奔跑，渐渐消失在黑暗之中。

_06

王小帅带着极度愧疚的心情来到了医院，但他没有机会和肖大宝说一句“对不起”，因为此时的肖大宝已经听不懂这三个字的含义了。

他没死，却如同死人一般活着，比苟且存活都不如，世间一切繁华喧嚣都与他失去了关联。他不会再为谁而笑，不会再为谁而悲，不会再为某种感动而热泪盈眶，不会再为某个遗憾而欷歔不已，那双明澈的双眼如今只能空洞地看着天花板，一动不动。

医生抢救了很久，最后的诊断证明是：大脑皮层功能严重损害，伤者处于不可逆的深度昏迷状态，丧失意识活动，但皮质下中枢可维持自主呼吸运动和心跳……谁都知道，这个叫做植物人。

泪水滴落在肖大宝的脸庞，而肖大宝却没有一丝表情的变化，王小帅像个犯了错的孩子，静静地站在肖大宝的病床前，肩膀由于过分激动而不住抖动着，一滴滴的泪水从脸庞无声地滑落。

王小帅知道，自己已经是一个奔四张儿的人了，不像孩子可以用泪水弥补一切过失，他忍住哭声，双拳紧紧攥着，指甲狠狠嵌入肉内，几滴血从手心滑落。

王小帅不敢接受现实，不愿相信躺在面前的人就是肖大宝。就在昨天，肖大宝仍然意气风发，像含苞许久准备怒放的花儿，一夜之间，却只能躺在病床上，悄无声息地渐渐枯萎，直到老去。

昨夜撞车之后，王小帅仓皇惊恐地跑回了家，他给包小白打了个电话，包小白帮他伪造了不在场的证明，并及时将肖大宝送进医院。此时，包小白也静静站在病房内，眼神迷茫地看着躺在那里的肖大宝，他内心甚至开始萌生一丝自责，这一切是不是都是自己造成的？如果不是他敲骨吸髓地想榨取两人身上的价值，那么这一切是不是可以按部就班地平静呢？尽管那个时候肖大宝依然是个婚庆司仪，但他至少可以感受到尘世带给他的喜怒哀乐。

“大宝儿，大宝儿，宝儿，宝儿，肖大宝，我操你妈，你起来啊！”王小帅失控地摇晃着肖大宝。

“你他妈疯了啊？”包小白把王小帅拽开，而肖大宝依旧表情平静地躺在那里。

“对不起，对不起……”王小帅跪在地上，抱着包小白的腿，肆无忌惮地哭着。

“他……他……没死，他依然和我们一起感受着日升月落，呼吸着……相同的空气。”包小白自言自语，像是安慰王小帅，也像在说服自己接受这个现实。

_07

时间一如往昔地无情流动，每一秒的现在瞬间就变成过去。年年难过年年过，岁岁朝朝无不同，唯一变的就是人在渐渐老去，日月星辰俱在，天地山川皆在，唯梦想渐渐不提，那是属于年轻人的专用词语，一代代前赴后继，一次次铩羽而归，有人梦想成真，有人梦想湮灭，有人在梦想实现后偏离自己原本的轨道，有人在偏离的轨道中回归正途实现了梦想，如此轮回，生生不息。

王小帅想起了他们歌曲中的那句话：**生活像一把无情刻刀，改变了我们模样，未曾绽放就要枯萎吗，我有过梦想……**

如果一切都那么按部就班，此时筷子兄弟或许已跻身一线；如果一切都那么按部就班，肖大宝此时依然抱着吉他，深夜里进行着创作。

窗外掉落的黄叶，正随风翩翩起舞，王小帅忽然意识到已经一年了，三百多天的时光一下子就那么过去了，一切如此平淡无奇。

光阴如梭人渐老，这一年王小帅苍老了很多，双鬓已苍白，他已经不再去焗油和打理头发了，而肖大宝则一切都没有改变，看不出来老，看不出来胖，看不出来开心，看不出来悲伤。

王小帅每天都来，如果店内没什么事，郝芳也会陪着过来，这是他们觉得唯一能做出的补偿，谁也不知道肖大宝什么时候醒来，谁也不知道肖大宝能不能醒来，但只要肖大宝依然可以呼吸，王小帅就要过来。

包小白和那些同学很久没来了，时间久了，大家也就没了那份热忱。肖大宝刚住院的时候，大家都很难过，都觉得惋惜，如今，难过的人都回到了自己的生活之中，繁忙疲惫，已经没有多余的时间来替别人难过了。

“你一点儿都没变，我甚至有些羡慕你，永远那么年轻。”王小帅一边看着肖大宝进行鼻饲一边说道，“你说百年以后，你还是这模样，是不是又是一个马王堆女尸啊？哈哈，哎，对了，国安去年夺冠了，挺牛逼吧？今年不成喽，卫冕没戏了，真是昙花一现，来去匆匆啊，等着他们再夺冠，也不知道猴年马月了。还有国足，那叫一个傻逼，你看不见挺好，省得闹心了，唉……”

“你每次都来，累不累啊？”护士一边照料着肖大宝，一边问道。

“不累，你不让我来我才累。”王小帅淡淡说道，“心累。”

“有你这么一个朋友，不是家人胜似家人，我要是他，就这么躺着也足以感到自豪。”护士笑道。

“我……”王小帅难以启齿，转了话题，“哎，你说他能醒过来吗？”

“像他这样持续晕迷状态这么久，醒过来的可能性非常小。不过也未必，植物人虽然无意识，并且有认知功能障碍，但对听觉刺激还有反应，你陪他聊聊天，说不定会出现奇迹呢。”

“这个我知道，你说我每天都在陪他聊天，为什么他一点儿反应都没有呢？”

“或许你的话不足以刺激他吧，多说一些他记忆中深刻的事情，或许会有一丝转机，我只是说或许啊，不过几率很小很小的，小到近乎不可能，呵呵。”护士收拾好工具，转身出门。

王小帅靠在窗边，点了一支烟，默默看着窗外，若有所思，许久之后，他掏出了手机。

_08

肖大宝的病房今日变得异常喧嚣，原本只有王小帅一个人，如今却是十几个人，他们都是肖大宝曾经的同学，还有他曾经爱过的女孩——包小白的老婆，马玲也来了。另外还有一个开出租车的男人，就是当年跳着霹雳舞把肖大宝打得跟孙子一样的雷大斌，他也来了。

王小帅、包小白、马玲、郝芳、李大海、张建国、雷大斌等若干人分成两排，围在肖大宝床前。

“大宝，我，以及所有同学都坚信你能醒过来，你一定要顶住，别让大家失望。”王小帅对着肖大宝静静说道，“你以前常对我说，最怀念的时光就是我们一起上学的那些年月，但岁月已让回忆变淡了很多，如今我们都在这里，我们一起帮你把回忆找回来。虽然毕业后大家很少联系，各自寻找不同的归宿和生活，但对我们而言，你是我们的知己，我们不会放弃你。现在，我们就要给你讲一个很长很长的故事，你别嫌烦，这故事里有你，有我，有所有的人；这故事里有我们浪费掉的青春，有我们狼狈不堪的岁月，有我们自以为是的张狂，有我们的泪、我们的笑。总之，我们就是一个目的，让你知道你是谁，然后赶紧醒过来，别再装死！”

_09

变成植物人的肖大宝每天都在做梦，梦里一片黑暗，不见任何光亮。忽然有一天，一片喧嚣，一群人喋喋不休的声音将这个梦打破，黑暗尽除，画面变成了黑白色，渐渐地，黑白色的画面又变成了彩色，他看到不远处有一个红砖建筑的楼宇，大楼前方有一个旗杆，鲜红的国旗正迎风飘扬，几百个稚嫩脸庞的孩子穿着统一的衣服，在一片黄土地上伴随音乐节奏，正做着统一的动作，时而举臂，时而踢腿，时而跳跃，时而蹲下……

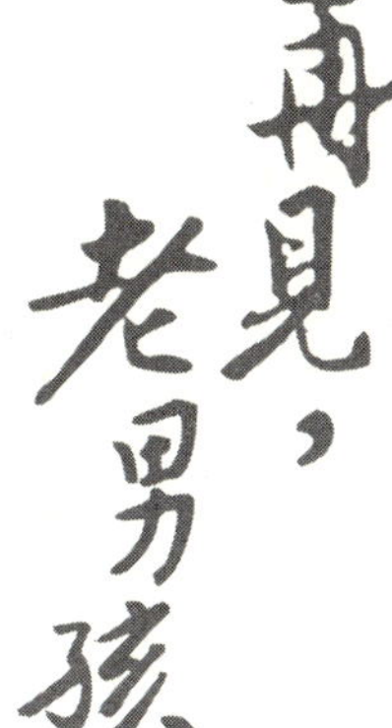

第二卷
印着杰克逊的王小帅

肖大宝和王小帅谁也不曾料到，在未来漫长的岁月里，在那琐碎平淡的生活中，彼此都将是永生的伴儿。但谁也更不曾想到，在通往飞黄腾达的路上，一定会点缀着破碎的友谊，这是英国的威尔斯说的，这像是一个预言，更像是一个诅咒。

_00

只因那时年少，我们被娇惯得不知好歹，撒尿和泥，放屁崩坑，泥锅泥碗你滚蛋，那些记忆如此斑斓多彩……我们不懂生活，也不关心什么是生活，我们不知道并非处处都是微笑，更不知道生活不相信眼泪，我们放肆地活在每一个日升月落之间，我们可以一错再错，直到错无所错，而未来如此遥不可及，我们根本懒得去考虑。总之，那时的我们浮生若梦地活，为欢却又不知几何……

_01

远处红色砖墙的高楼建筑近在眼前，肖大宝把最后的力气全部用在冲刺上，这已经是他这个月第六次迟到了，昨晚的魂斗罗终于在凌晨三点半通关了。

“几点了？”班主任老丁戴着啤酒瓶儿底一般大的眼镜瞪着肖大宝。

肖大宝低着头，满脸悲伤，站在教室门口：“老师，我，我奶奶，她……去世了……”

“你哪个奶奶？”

“老师，我就一个奶奶，我亲奶奶。”

“啪！”老丁一个大耳贴子抡在了肖大宝的脸上：“肖大宝，你第一次迟到就说你奶奶去世了，也说是你亲奶奶，你到底有几个亲奶奶？你奶奶死了一次转世又死一次啊？死上瘾了？告诉你，肖大宝，你别把我当傻子耍！少跟我这儿打牙逗嘴儿！”

“老师，你听我解释，上次那个是我大姨奶奶，对我特别好，跟我亲奶奶一样，这次真的是我的亲……唉，老师，老师，别关门，别关门，听我说，我，我，我……操！”

“你说什么？你骂谁呢？”老丁又把门打开了，“你还敢跟我说话操操操的？你给我站门口好好反省，越来越无法无天了你，以为我管不了你了，是吗？告诉你，我是懒得管你，我怕我控制不住情绪打死你！下午把你父母叫来，我倒要问问你家长管不管得了你。记住，是俩人一起来，少一个都不成，我倒要问问他们怎么教育孩子的！”

“请家长”这三个字，对肖大宝而言是致命的。他不怕自己的母亲，他已经具备了跟母亲斗嘴儿的能力，经常一句一还嘴，气得他妈鼓儿鼓儿的，却拿他没辙。因为肖大宝知道母亲的底线，永远舍不得打孩子。而自己那个老子，他退避三舍还嫌不够，因为他家老子的底线是：

只要不打死了就可以随便打。而且最关键的一点是，他老子是一个特别孝顺的人，而自己又拿他老子的母亲当迟到的挡箭牌……

肖大宝靠在楼道的墙壁上一边吃着当早点的果丹皮，一边苦苦思索对策，想来想去他都找不到任何办法。第一，老丁见过自己的父母不是一两次了，请个亲戚或者雇个人来，他一眼就能认出来；第二，老丁是属乌龟壳儿的，蒸不熟煮不烂，你怎么求情都没用，就跟你玩真的。据闻“文革”那几年老丁也是一个拿着三棱刮刀真敢捅人的愣主儿，现在岁数大了且为人师表了，倒是收敛了很多。

下课后，老丁出门看都没看肖大宝一眼，就回办公室去了，肖大宝也赶紧趁机回屋了，一进屋，所有同学都嘻嘻哈哈地笑着。

“宝哥，这事儿要是让你爸知道，得扒你一层皮。”肖大宝的好朋友之一包小白——包子凑过来感同身受地说道。

“滚一边儿去，用你说。”肖大宝恼怒地说道，然后趴在桌上想着怎样和父母开口。

就在肖大宝郁闷难耐之时，戴着眼镜、留着分头的同学张建国从门外跑进来直奔肖大宝：“宝哥，宝哥，苍天保佑你，苍天保佑你啊！”

“什么意思？你说什么呢？”肖大宝迷茫地看着张建国。

张建国喘了几口气，然后说道：“刚才我去办公室交作业，看见老丁被几个老师抬下楼了，好像是什么急性肠炎犯了，据说得歇个三五天的才能来呢！”

“真的？”

“骗你是小狗儿！我真的看见了，老丁那脸疼得都发紫，跟一个大茄子似的。”

“哈哈哈哈哈，恶有恶报，善有善报啊，哈哈哈。”肖大宝开心大笑，老丁来不了了，也就没空理会让他请家长这事儿了。

仅仅这一件事儿，足足让肖大宝开心了一天，那时的他虽顽劣不堪却又如此单纯，可以为某件微不足道的小事快乐一整天，也可以为某件不值当的小事悲伤难过好几天，快乐与悲伤来得如此轻易，欢笑与泪水来得如此简单。

很多很多年以后，肖大宝常怀念这些时光，人到中年的他是如此疲惫于生活，总觉得想要快乐是如此费力，得到快乐往往也要付出一些代价，而与这些代价随之而来的却又是那么多悲伤。

岁月如子弹呼啸而过，往事如流水迢迢东逝，肖大宝一路挥霍而来，直到结局来临时才意识到自己已变成了自己不希望成为的那个肖大宝，但回不去了，不仅是他，包括那时在他身边的很多人。

_02

又是一夜通宵的战斗，肖大宝终于把超级玛丽也给通关了。第二天，睡眼惺忪地起床的时候已是八点一刻了，溜溜达达来到学校已经是第一节课快结束的时候了。老丁果然没来，肖大宝进教室发现班上同学都在放肆地笑着闹着，有和女同学打闹趁机占便宜的，有拿着小游戏机玩着俄罗斯方块的，有打水仗的，还有安静地看黄色图片的，总之整个班级像极了菜市场，打骂喧嚣之声不绝于耳。

这是全年级最乱的班，也是这座学校除了老丁以外，没有任何老师可以降服的班，用老丁的话说——这个班的学生是一群从未接受过进化的野兽。

老丁没来，也没有哪个老师愿意出面管这群学生。别的班都在安静学习的时候，这个班却被放任自流，自生自灭。

肖大宝坐在自己的座位上，然后从书包里掏出一堆图钉，诡异地笑了笑，眼神飘向了班上最胖的同学——李大海的屁股上。

“宝哥，你这是要干什么？”包子凑过来问。

肖大宝神秘地说道：“送给李大海屁股的礼物。”

“啊？这太危险了吧？”包子和肖大宝混在一起的时间最久了，也最了解肖大宝，他当然知道此时肖大宝的话意味着什么。

“没事，丫屁股那么大，全是肉，这小钉子还能把他怎么样？没准儿都穿不进去。”

“他怎么招你了？”

“昨天老丁给我一大耳贴子的时候，我看就丫笑得欢。”肖大宝狠狠说道，然后喊了一声张建国：“建国，过来，过来。”

张建国屁颠屁颠地过来了：“宝哥，啥事儿？”

“给你一个任务……”

肖大宝说完后，他和包子、张建国三个人都诡异地笑了起来，眼神同时飘向了李大海那肥大屁股之上。

张建国坐在李大海的前桌，他假装没事儿一样，坐了回去。一分钟后，他忽然转身对李大海神秘地说道：“大海，我这儿有一张邓丽君的签名照。”

李大海唯一的偶像就是邓丽君，听张建国说完后，他眼睛瞪得浑圆：“真的？”

“这是我姨姥姥家那舅舅的孩子，也就是我表哥，去台湾做生意时候听她演唱会时找她签的。”张建国继续诱惑着李大海。

“哪儿呢？哪儿呢？拿过来给我看看，照片好看吗？”李大海着急起来。

“别别别，一拿出来别人见了就该抢了，在我语文书里夹着呢，你扒着脖子看一眼得了，快点儿，别让别人看见。”

李大海抬起屁股，扒着脖子，把头伸向前，准备看邓丽君签名照。这时肖大宝悄悄走了过来，把图钉放在李大海的椅子上，然后若无其事地走了回去。

“赶紧给我看啊，你骗我呢？”

“哈哈，逗你玩呢，我要真有我还敢告诉你？哈哈。”

“我操你大爷！”李大海失望与愤怒地坐了下去。

肖大宝、张建国、包子三个人瞪大了眼睛盯着李大海。李大海坐下之后，忽然感到屁股一股冷冰冰的刺痛，不傻，知道是中了张建国的计，他知道一定还有别人等着看他的笑话，于是他咬牙强忍着剧痛，想让他们大失所望，但那刺骨的疼痛让他对自己的意志大失所望，于是抱着忍无可忍无须再忍的原则，一声类似苍龙出海的狂啸响彻整个班级……

“啊嗷……”

_03

那一年，只有十几岁的肖大宝时常漫不经心、坐立不安、假装寂寞、故作忧郁、四处游飞、内心躁动、时而狂暴、时而安静……种种混乱迹象昭示——他爱上一个女人，哦，不，是一个女孩。

或许那年月称之为爱，太过庄重正式，但称之为爱确实又没有任何问题。爱是无解，无论你活了多少光景，爱始终无解。那是恒久谜题，永无标准答案。

多年以后，肖大宝落魄地坐在车里看到这样一个景象：夕阳下，余晖遍洒，一个老爷子推着轮椅载着一个老太太漫步在街心公园，说说笑笑，消失在人海。他忽然热泪盈眶，内心某种坚硬之物，瞬间化成绕指之柔，他感动于那种相濡以沫，无关金钱，无关生活质量。

人不过是凡间一粒尘土，起于尘埃，止于尘埃。红尘一世，静看人间起伏喧嚣，万般留恋也不过落土几寸之盒，我们一生可以爱很多人，但在生命之黄昏，若有一人静守身边，陪你回忆、为你落泪，那终是人生之圆满。

这是肖大宝很久之后才悟到的东西，但为时已晚。时过境迁，他回不到从前，他人也同样回不到从前。

_04

“宝哥，宝哥，马玲来了。”包子和张建国趴在三楼楼梯上盯梢。

马玲是这所学校公认的校花，是大部分男同学爱慕的对象，也是很多刚懂得手淫的男孩的主要遐想目标。肖大宝只是诸多追求者之一，只是他固执地认为自己是最有竞争力的选手，肖大宝和那个年龄的所有少年一样，打架拼发育，泡妞看模样。

肖大宝深呼吸，按捺住激动，之后抱起吉他，靠在二楼墙上，单腿独立，一脚踏墙，模仿美国乡村歌手在乡间小道背靠大树唱歌的范儿，他认为这样很潇洒，时不时摆弄着自己好几天没洗头的发型。好几天没洗过的头，你可以从两方面来理解：第一是很脏，头发聚在一起掰扯不开；还有一个是你可以理解为刚打完摩丝，正在定型。

为了这一时刻，肖大宝已经偷偷练习了两个多月吉他，那首脍炙人口的《小芳》他已经十拿九稳了，吉他调不跑，唱歌音不跑。

马玲来了，那个梳着两个小辫儿的姑娘带着迷人的微笑缓缓下楼，肖大宝感到强烈的春风扑面而来，世间万物在这一瞬间都变得万紫千红，而他也固执地认为，马玲的每一个眼神、每一个微笑都对他含有深意。

“谢谢你，给我的爱，今生今世我不忘怀，谢谢你，给我的温柔……”肖大宝带着深情的眼神，摇头晃脑地唱着。

他看着郝芳先下楼，那是和马玲形影不离的好朋友，也是全校最胖的女孩。她看着肖大宝摇头晃脑的样子，觉得很可笑。肖大宝无所畏惧，依然顾盼自雄地唱着，他等的是马玲，不用在乎别人对自己的看法。

马玲下楼了，肖大宝看着马玲从他身边走过，然后看着马玲带着同样鄙夷的眼神，瞪了自己一眼，然后又看着她掏出随身听，带起耳机，耳机里传来英语学习的声音：My name is Li Lei. What’s your name ? My name is Han Meimei...

几句英语教学，瞬间击败了李春波的《小芳》。

肖大宝带着哭相，看着马玲下楼，他甚至听见郝芳在对马玲说：“那孩子叫肖大宝，特无聊的一个人，谁都烦他，他还天天自我感觉良好……”

肖大宝感觉心中有什么东西瞬间坍塌。

包子和张建国齐齐叹气，又一次失败。

那时，肖大宝觉得马玲是完美的，她的头发、她的眉毛、她的鼻子、她的嘴……总之一切都是如此完美，像是天使折翼悄然降临人世。若干年后，肖大宝听说马玲嫁给了有钱的包子，他才意识到，上帝给了一个女人如花似玉的容颜，只不过是为了给她存活于现实社会的筹码。

美女傍大款，这一切都被这个时代冲刷得如此理所当然、天经地义。或许是对的，在生活面前，爱情不过是不堪一击的童话。

_05

一台17寸的彩电，一堆迈克尔·杰克逊的录像带，这是王小帅房间里仅有的值钱的东西。

王小帅从小就有很好的舞蹈天赋，他先迷恋郭富城，留了和郭富城一样的齐耳中分头，之后又迷恋上迈克尔·杰克逊，每天放学后，王小帅都在录像机里反复放着迈克尔·杰克逊的舞蹈，然后一个动作一个动作地模仿着。他觉得自己就像是一个寂寞深山中的剑客，十年磨一剑，只为那一刻——表演给心爱的女孩。

他和肖大宝同年级不同班级，他们一样有着很多梦想，他也和肖大宝以及诸多人一样，无可避免地庸俗地暗恋着马玲。他和肖大宝还有共同之处就是两人都认为自己是最有竞争力的选手，一个认为举着吉他唱歌肯定能打动女孩的心，一个认为跳着飘逸的迈克尔·杰克逊舞肯定能打动女孩的心。那个时代，他们就已经如此文艺范儿，幻想着古典爱情那一套，却不曾料想到未来的十几年之后，一切都会改变。

马玲和郝芳下楼后，还在议论着肖大宝的无聊。前面一群同学围在一个人身前，如痴如醉地看着那个同学跳舞，郝芳顿时脸就红了，那正是她暗恋的男孩，王小帅。

王小帅在学校花园的走廊内放着录音机，然后戴着白色手套正在跳舞，动作飘逸潇洒。他对自己的舞技十分得意，他固执地认为自己已经达到了翩若惊鸿、婉若游龙之境界。

许多同学津津有味地看着，可王小帅的眼神却不失时机地四处游走，他在寻找马玲，而马玲果然也站在人群中，面带微笑地看着自己，于是王小帅跟喝了鸡血一样跳得更加卖力、疯狂起来。

就在王小帅卖力跳舞的时候，肖大宝和包子推着垃圾车从旁边悄悄走过。肖大宝看到马玲正静静地看着那个叫王小帅的孩子跳舞，顿时醋意大发，怒从心起，他觉得马玲之所以不接受自己，一定是王小帅从中作梗，便暗下决心教训一下王小帅，包子也一同带着愤恨的眼神看着王小帅。

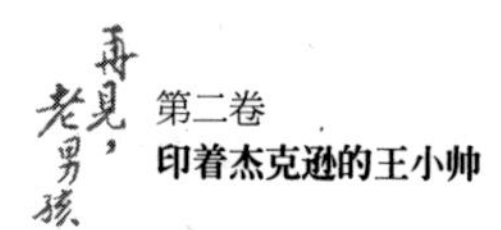

一曲舞毕，围观同学散去，王小帅依然侧身装酷地伫立在那里，马玲笑了笑：“王小帅。”

王小帅缓缓将头侧转45度，用手背轻轻擦拭了一下鼻尖的汗珠，一颗鼻屎蹭在白色手套上。

王小帅眼神故作忧郁地看着马玲，深情温柔地说道：“你是在叫我吗？”

此时，王小帅内心激动无比，如果一切都按部就班，那么接下来马玲一定会慢慢靠近自己，并夸他的舞跳得真好，或者表白“我喜欢你”，之后四目相对，轻轻闭上眼睛，轻轻张开樱唇，如同睡美人一般等待他的吻……

就在王小帅沉浸于幻想之时，马玲从兜里掏出一张卡带：“郝芳让我给你的，她希望你跳得越来越好，好好练练，你一定会更好的，加油。”

那是一张迈克尔·杰克逊的最新专辑，上面还有淡粉色丝巾系成的蝴蝶结，王小帅接过卡带，装酷的表情瞬间变成一脸哭相。

郝芳躲在走廊的石柱后面，害羞得只露出半个脑袋，看着王小帅，那欲言又止的神态让王小帅想吐……

王小帅伤心了，而此时躲在远处的肖大宝的心也碎了，他以为那是马玲送给王小帅的，于是两个伤心的人就这样因为一个谁都得不到的女孩结了仇，这也是十余年后他们时常拿来说笑的一段往事，每一次都笑到泪水流下，那泪水不仅只有笑，也夹杂了对时光的怀念，对时光不再来的难过。

肖大宝始终不死心，他依然努力着，就在肖大宝和包子商量怎么教训王小帅的时候，晴朗的天空瞬间被染成了铅灰色。

肖大宝看着越来越厚重的乌云，他对包子忽然说道：“妈的，我就不信感动不了马玲，走，堵她去。”

肖大宝和包子骑着自行车，飞奔出校园，他们一定要在马玲之前赶到她家楼下。

马玲和郝芳在路口分手了，过了马路就是她家了。此时，雨水穿过重重云层，倾泻而下。马玲举着伞缓缓走着，走到小区车棚的时候，她看到前面有一个穿着自己学校校服的孩子，在雨中横车立马般的抱着吉他站在那里，任凭雨水淋湿衣服。

马玲离近了，看清是肖大宝之后，内心暗道“无聊”，便低着头自顾自地继续走着。

看到马玲越走越近，肖大宝拨动琴弦，迎着雨水高唱：“多少次我回回头看看走过的路……”

肖大宝的歌声刚起，一声霹雳从天而降，马玲正从他身边擦身而过，巨响的雷声让她什么都没有听到……

雷声止后，马玲已走出几米之远……

落寞伤怀的肖大宝觉得一切都是天意造弄，他颓废悲伤地躲在立交桥下，嘴里叼着狗尾巴草，看着乌云尽去还复的晴空，夕阳正慢慢落下。

眼泪一滴滴落下，这里没人，他可以不怕别人嘲笑，大声哭出来，这是他除了被自己的老子打哭以外的第一次落泪，唯一的不同是：一个是肉痛，一个是心痛。尽管他还不大清楚什么叫做爱与不爱，但从内心涌上的那股无根无由却难以压抑的疼痛，他却真正感受着、忍受着。

他觉得委屈，他觉得付出总应有回报，两个多月废寝忘食的练歌，没功劳也有苦劳吧，总会多少感动一下马玲吧。而现实却是马玲毫不在意，两次擦身而过，都未曾为他多逗留一秒钟，留下的只是一个鄙夷的眼神和一个撑伞远去的背影。

肖大宝看着怀中的吉他，反复摩挲着，他练吉他只为马玲，现在马玲已经远去，而怀中的吉他也没有存在的必要了，他咬了咬牙，举起吉他，狠狠扔向前方的河水中，吉他应声入水，随河水漂流，沉入水中。

肖大宝又觉得有些不舍，但吉他已经沉下去了，河水静静流淌，吉他早已不知道被冲到了哪里。他从兜里掏出偷偷买的烟，拿起一支放在嘴中，用打火机点燃，一缕白烟从嘴中吐出，接着不断咳嗽。

肖大宝抽了几口，便把烟扔在地上。然后，夕阳下，肖大宝骑着单车慢慢消失在街头，他的背影显得有些孤单，表情却有些决绝，因为他已经决定了，去收拾一下那个横刀夺爱的王小帅。

那支被扔在地上的半支烟依旧散发着阵阵烟雾，这是肖大宝第一次抽烟。

烟，静悄悄地自燃，快到烟嘴的时候，有一只手将烟屁捡了起来。王小帅表情沮丧地看着手中的烟屁，然后放在嘴里狠狠地嘬了一口，顿时觉得一股强烈的气体充斥着嗓子，赶紧吐出烟，之后便咳嗽不止。

咳嗽中，王小帅流下了眼泪，他也不知道是被烟呛得还是其他什么原因，任凭泪水放肆地落下。

他手中拿着的是郝芳送的那个杰克逊的卡带，放在手心看了几秒，之后他用力扔向前方的小河，卡带在河水中打了两个水漂儿，掀起几股涟漪，便沉入水中，那条绑在卡带上的粉色丝巾在空中慢慢飘舞着。

_06

“孙子，你往哪儿跑！”肖大宝一边追一边喊，他的身后是包子、张建国、李大海等人。跑着跑着，李大海坐在地上开始倒气儿了，他跑不动了，其余人也没空管理他，继续狂追王小帅。

王小帅右眼跳了一天，左财右灾，这让王小帅一天小心翼翼、惶惶不安。

直到放学，他的心才放了下去，但当他看到肖大宝和几个人气势汹汹地冲他而来时，他终于明白右眼为何所跳了，但依然不明白自己和肖大宝从无过节，肖大宝为什么凶神恶煞似的带着一群虾兵蟹将冲他而来，他来不及问，撒丫子就跑。

一个跑，一群人追，就这样猫捉老鼠似的在校园内进行着。

“我操……宝……宝哥，这孙子跑……跑得还挺……挺快……”包子一边追，一边嘟囔着，“丫……属豹子……的……”

李大海累得坐在地上，不住地大口喘气。王小帅和肖大宝这一群人，一前一后，一趟趟从他身边跑过，李大海算了算，已经是第五圈了。

这是王小帅和肖大宝回忆中的一个经典镜头，他们在人到而立之后也偶尔无聊地拿这个话题拌嘴，一个自夸“我年轻时候的速度直逼豹子”，一个则说“我就是没想真打你，就是想吓唬吓唬你，要不然早就追上你了……”

“分，分头追！”肖大宝一边跑一边喊。

王小帅已经筋疲力尽了，双腿犹如踩进泥潭中，越来越沉重。他现在脑子中只有一个字：跑。这个字激发了他的求生本能，人的潜能往往是巨大的，但只有特定场景才能被迫激发。

他听到后面已经没有了脚步声，停下来，回头看了一眼，空空荡荡。于是他绷紧的神经一下子就颓了，他低着头，大口喘气，舌头也伸了出来，像一只狗在大快朵颐地喘息。

忽然，眼前出现一瓶北冰洋汽水，这瓶汽水的出现不亚于在沙漠中看见清泉，让人忘乎所以地兴奋。

他接过汽水，拼命灌进嗓子，然后才发现递给他汽水的是肖大宝，肖大宝满脸媚笑地看着王小帅。

“好喝吗？”

王小帅点点头。

“还跑吗？”

王小帅又点点头，就在他准备再次拔腿狂奔的瞬间，眼前一片黑，包子和张建国拿着竹筐从背后罩在了他的头上。

肖大宝等人把王小帅架到学校车棚内，包子把竹筐从王小帅头上取走，然后和张建国一左一右地把王小帅按在了墙上。

“大哥，大哥，怎么回事，大哥，大哥，别这样，有话咱好好说……”王小帅惊恐地大喊着。

王小帅无论怎样求饶也无济于事，肖大宝只是冷冷地看着王小帅，然后嘴角浮起一丝诡异莫测的笑。

这时候，一群刚下辅导班的女同学走进了车棚，准备取车回家。

肖大宝赶紧从书包里掏出一个小号放在嘴边，“嘟嘟嘟”吹了几声，一下子就吸引住了那几个女同学。

肖大宝见那几个女同学都注视着这边，赶紧放下小号，跑到王小帅身前，一把拽下王小帅的裤子，之后又哈哈大笑地拽下了王小帅的内裤。

“啊……”所有女同学惊呼。

肖大宝和包子以及张建国哈哈大笑着，肖大宝还拿手指不停地弹着王小帅正发育的小鸡鸡。

那群女同学低着头，但又忍不住偷偷抬头看，然后又低下头，小声笑着。

在众人肆无忌惮的笑声中，王小帅把脸丢尽了。他没有能力去反抗什么了，身体被包子和张建国牢牢地按住，他痛苦地闭上了双眼，咬牙切齿地低声怒吼着：“肖大宝，是条汉子你就杀了我，我，我，我他妈不活了，肖大宝，我操你妈……我跟你没完……”

_07

这座城市的夜晚，在肖大宝的学生时代是安静而纯洁的，在王小帅做理发师的时候已经变得喧嚣而浮华了——北京。

夜很静，偶尔有夜行的人在路灯下匆忙而过，一轮圆月，挂在这座城市的上空。

凌晨了，从窗外吹来的夜风有些微凉，房内一片漆黑，唯有几缕月光跃入，王小帅连校服都没有脱，蜷缩在床上某个角落轻声哭泣着。

王小帅的睡眠很好，生活也很规律，晚上十点上床睡觉，早晨六点起床跳舞锻炼。但这一夜注定了他无法入睡，他不敢闭眼，一闭眼那些女孩低头窃笑的画面就会在眼前反复播放着；他也不敢躺下，只要他一躺下肖大宝那群人肆无忌惮的笑声就会在耳边盘旋响起。

衣不遮体，被一群女同学看小鸡鸡，这让王小帅觉得脸丢大发了，这面子永远无法补回来了，还不如被肖大宝一刀砍死倒也痛快。从此，他注定被那群人，还有那群女同学沦为笑谈，这事儿很快就会一传十，十传百，全校皆知。他甚至都没有勇气去上学了，他寻找了很多理由说服自己这不算事儿，比如就当给那些女同学普及男女构造的不同罢了，等等。但这荒谬的理由自己都觉得没溜儿，这让他找不到说服自己的理由，他只会更加难过悲伤。

此时月光清辉洒在屋子墙上的迈克尔·杰克逊海报上，那个美国男人穿着华丽的衣服，在月光的光晕下显得如此神秘，如此让人崇敬，甚至膜拜。王小帅不禁看得有些痴迷了，以前他只不过觉得这哥们儿跳舞很帅，于是他拼命模仿，只是为了耍帅追马玲，但这一刻，看到墙上月光下映照的迈克尔·杰克逊，他内心忽然被深深震撼住了，耳边响起了迈克尔·杰克逊那清澈嗓音发出的歌声，高亢低回之间，辗转铿锵，刺入心脏……

渐渐地，王小帅忽然放下了很多，他觉得一切都不叫事儿，一切都没什么，还活着，还呼吸着，还可以听到迈克尔·杰克逊的歌声，还可以看到迈克尔·杰克逊的舞步，一切都显得那么美妙。从这一刻起，迈克尔·杰克逊的名字深深印在王小帅的内心，如石头刻字般地深重。从这一刻起，迈克尔·杰克逊变成了王小帅的某种信仰……

这夜以后，王小帅对练习迈克尔·杰克逊的舞步进入了一个疯狂阶段，他对着电视跳，对着录像机跳，对着镜子跳，穿着衣服跳，穿着内裤跳，光着屁股跳。不仅如此，他还时常把迈克尔·杰克逊的舞蹈动作画在本上，上课的时候也不断揣摩着。总之，王小帅的生活中除了迈克尔·杰克逊就是迈克尔·杰克逊，他已经痴迷得无以复加，难以自拔。

王小帅的时代，对于偶像的喜欢，是印记于心的，是某种精神导引与力量，不似这之后的时代，所有人追星都是看模样，铭记于眼的肤浅。

_08

肖大宝收拾王小帅之后，觉得非常快乐，内心的失落一扫而光，他觉得这样的生活很美妙，看谁不顺眼，想整谁就整谁，那种嚣张跋扈、不可一世的气势让他欲罢不能。他不再满足于做一个老老实实、偶尔蔫坏的学生，他觉得那样活着很委屈。他要振作，显然他的振作不是放在学习成绩上，他觉得这感觉就如同古代的大侠，了断红颜，醉心江湖，儿女情长的红尘琐事抵不过叱咤八方的威风之名。

而让他有恃无恐的是他的随从——那些唯他鞍前马后的人越来越多，从最初的包子、张建国、李大海三个人到现在的七八个人簇拥，他走到校园哪个角落都可以听到别的同学紧张恭敬地喊一句：宝哥。

一时，肖大宝的生活变得春风得意马蹄疾，所过之处风生水起鸡犬不宁。

尽管他时常还能碰到马玲，但他不至于卑微讨好地对着马玲了。他觉得可以很爷们儿、很男人地出现在马玲面前，而且每次当着马玲的面，他都装作很牛逼的样子欺负别人，希望马玲知道，只有跟了他才会有好日子过，才会得到所有同学的敬仰。而马玲对肖大宝依然如故，迎面撞上不是臊眉耷眼的爱答不理，就是转身就走的能躲就躲。

肖大宝时常自我感觉良好，他觉得自己五官齐全没跑偏，眉毛是眉毛眼是眼的，算不上英俊潇洒，至少也够得上玉树临风，难能可贵的是自己还文武全才，文能弹吉他，武能抄板砖，但依然没看到马玲对他有所改观，这让他百思不得其解。

肖大宝回到家里对着镜子没完没了地捣鼓着头发，他觉得自己是一个牛逼人物了，是一个公众人物了，一举一动都在被人注视着，所以一定要注意形象问题。他把头发弄成中分、四六分、三七分、一九分……总觉得哪种发型都不配他，只是他从未考虑过自己的模样……

“呗儿呗儿呗儿呗儿……”肖大宝新买的摩托罗拉汉显BP机响了。

肖大宝打开BP机：宝哥，我们被劫了……

肖大宝顿时怒不可遏，自己已经牛逼得不可一世了，不仅在自己的学校，就算和别的学校的孩子也时常打架，他也已经打出了威风，城东这片地区学校的混子没几个不知道自己名号的了，现在居然还有人敢劫他的兄弟，那就是不给自己面子，就是明目张胆和自己较劲！无论是谁，肖大宝都认为其行为是幼稚的，其结果是悲惨的，两个字——作死。

“我操，嘿哟，还有人敢动我的手下？嘿哟，我操……”肖大宝一边自顾自地骂街，一边掏抽屉拿出自己的兵器——板砖，然后戴着墨镜，骑着自行车气势汹汹地冲了出去……

“大宝，饭都熟了，你吃不吃饭了？这他妈的野孩子！”肖大宝母亲的声音在背后传来。

_09

少年，总喜欢做这样的事：当他手持板砖、棍子的时候，他觉得自己就是一个侠士，手中所持之物便是倚天之剑、屠龙之刀，此时的他就是一个传说中的传说，一声怒吼让天地为之一颤，天空也应景地开始飞沙走石，所有铺垫结束后，便义无反顾地跳入他们所理解的江湖世界，开始他们自认为的草莽生涯，直到被他们的老子揪着耳朵，揪回家一顿暴捶，才意识到——自己生于改革开放后的中国。

城东外有一个城乡结合的小镇子，那里有一废弃的印刷厂，厂外是几栋印刷厂的家属楼，在家属楼和印刷厂之间是一块适宜进行集体混战的空场。身处城乡结合处，治安状况非常差劲，警察也顾不上管这里，所以这里经常发生帮派斗争，很多流氓团伙以及各校学生经常会选择在这里进行决战，那几栋楼的居民早已司空见惯，做饭、睡觉、看电视，没有好看的电视节目的时候，大家都集体趴在阳台窗户上大眼瞪小眼地等着看打架，顺便看看有没有自家以及自家亲戚的孩子参与，如果有就赶紧打电话通知家属领人来。

此时，这块承载了太多年轻人热血胡乱沸腾的地方，整齐地站了一排穿着校服的孩子，每个人都鼻青脸肿、衣衫不整地哭着，李大海、张建国、丁小刚、王欢等人，这群人都是最近才和肖大宝混在一起的人，包子跑得快，去给肖大宝打传呼了。

站在这群人身前的是一个明显比他们大两三岁、卷头发、带着霹雳手套、穿着红色漆皮霹雳服的孩子，他身后也站着四五个孩子，还有一辆太子摩托车。

这就是雷大斌，城西有名的混子，早已辍学多年，四处游荡。他今天来到城东，是替自己的表弟报仇的，他表弟上周刚被肖大宝这群人痛打一顿。

雷大斌是个出了名的霹雳舞迷，吃饭、走路、打架都带着霹雳舞的范儿，他一个滑步来到李大海身前：“你是肖大宝？”

李大海哭着摇头。

雷大斌又一个霹雳舞过电的动作，把手伸向张建国面前，然后一个滑步把身体也移动过去：“那您是肖大宝？”

张建国的眼镜半挂在脸上，低着头，拼命摇头。

“啪啪”两声脆响，雷大斌给李大海和张建国一人一大嘴巴：“到底谁他妈是肖大宝？”

“你大爷我来了！”肖大宝骑着那辆叮叮当当响的破车，单枪匹马冲了过来。

一阵微风吹过，卷起地面片片沙尘，几只夜鸟从空中飞过。

雷大斌一脚踩碎了肖大宝的那个墨镜，然后看着跪在面前、脸被打得跟猪头一样的肖大宝。

雷大斌揪住肖大宝的脸：“就他妈你这尿货还敢号称城东野狼王？我操，你就是一只野狗，哈哈哈，哎，对了，听说你爱唱歌，是吗？这么着吧，宝哥，唱个歌听听，唱得好我就放了你，来，宝哥，唱个歌听听。”

肖大宝跪在雷大斌面前，双手扶住膝盖，紧紧攥成拳头，他内心无比挣扎，他不服，他不甘心，他好不容易积累起来的声誉就这样被雷大斌秒杀得烟消云散，但在强大的实力面前他无可奈何，少年时代打架就是拼发育，面对比自己大两三岁且身材结实如同小坦克一般的雷大斌，他以往的彪悍不复存在……

“唱啊，不唱今儿这事儿没完，不让你们回家。”

肖大宝低着头，胸口起伏得很厉害，他在压抑内心的愤怒与无奈，还有恐惧。

李大海和张建国在肖大宝的背后，默默咬牙攥拳，他们期待肖大宝的涅槃重生，大吼一声跳起来，之后风卷残云般地收拾雷大斌这一干人。

“你他妈不唱，是吧？那我就把你小子扒光了，给你丫扔马路上去，让你现眼现到家。”雷大斌恶狠狠地说道。

“星星点灯照亮我的家门……”肖大宝唱道。

李大海和张建国齐齐低下了头，开始哭泣，这一次他们输得彻底，输无可输了，不只是挨打，更多的是丢人。

丁小刚抬头看了一眼夕阳，然后整理了一下发型，忽然看到家属楼的楼顶上有一个戴着黑礼帽、穿着黑衣服的孩子。

“快看，是王小帅。”

_10

王小帅今天放学后就来到了城东郊区印刷厂的家属楼，他奶奶住在这里，今天是他奶奶生日，全家一起来贺寿吃饭，王小帅还特意模仿迈克尔·杰克逊的穿戴，准备给他奶奶跳一段迈克尔·杰克逊的舞，当做生日礼物。

一家子都在楼上其乐融融地做饭，王小帅觉得无聊，便来到了楼顶，他要在这宽大的空场上练习舞蹈。

他听到楼下一群孩子在打架，不过他每次来他奶奶家十次有八次都会目睹这样的场面，所以早已见怪不怪，自顾自地练习舞蹈。

就在他模仿迈克尔·杰克逊那经典的45度角倾斜动作时，他把身子探出楼顶，看到了下面的场面，那是一群和自己穿着同样校服的孩子，而在此时，楼下那群孩子也看到了他。

“快看，是王小帅！”丁小刚大声吼道。

所有人都抬头看。

王小帅也看清了那是肖大宝那一群人，而且也看清了战斗形势，赶紧把头缩了回去，他可不想惹麻烦。

“王小帅，快救我们，咱们个人恩怨抛开，现在可是为学校争光，咱们中学不能让人看扁……哎哟，我操……疼……”肖大宝有病乱投医地对着王小帅大喊，但话没说完便被雷大斌一脚踹飞出去。

“怎么办，怎么办，被认出来了，名字也被叫出来了，我不下去他们会不会找到学校去啊？”王小帅趴在楼顶，不敢露头地嘟囔着，“你大爷的肖大宝，你挨打还拉个垫背的……”

回家！王小帅第一个想法就是下楼，赶紧回奶奶家，然后跟父母一起回家，就当没看到，就当不知道。就在王小帅正准备下楼的时候，他忽然想到了一个很严重的问题：如果那群人不打死肖大宝他们，那么他自己以后在学校就没好日子过了。肖大宝敢一天打他十几次，而且从上次被肖大宝他们把裤子扒了那事儿来看，肖大宝的手段是极其卑劣、无耻的，他可以不怕挨打，但他丢不起这个人啊！

思来想去，王小帅终于下定决心：宁可今天挨一顿打，也不想让肖大宝以后天天堵在班门口，逮自己。

所有人只看到王小帅一个很帅的动作之后，王小帅就忽然消失了。所有人都等待着接下来的事情，可五分钟过去了，一切都没发生。

雷大斌松了一口气，他以为肖大宝这群孩子还有伏兵，原来不过是虚惊一场。就在他继续准备让肖大宝唱歌的时候，他身后的一个孩子拉了一下他的衣角，指了指后面。

转角处，一个黑皮鞋、白袜子的腿露了出来，紧接着一个一身黑衣的孩子踩着一种诡异的步法走了出来，雷大斌这人是个霹雳舞迷，却不知道这是迈克尔·杰克逊的标志性动作——太空步。

王小帅这么一个出场果然震住了那群孩子，所有人都不知所以然地看着他，王小帅心跳得非常厉害，但是他必须演下去。

此时忽然起了风，风渐渐大了起来，王小帅的衣服被风吹起，在空中舞动着，发出猎猎地炸响。

此时，王小帅脑中蹦出了迈克尔·杰克逊表演那不可一世的霸气舞步的画面，然后王小帅随着脑中的画面，旁若无人地跳了起来，时而伸腿，时而转身，时而抬腿，时而像机器人一般扭动着……

风中舞动的王小帅，真的很帅。这是肖大宝的第一个反应。

雷大斌等人都看傻了，他们从不知道这是一种舞蹈，一滴滴汗珠从雷大斌的眉角落下。

王小帅的动作停止了，最后一个跳起，空中转身落地就停止了。一切都很拉风，如果不是最后这个落地动作踩到了狗屎……

雷大斌身后的孩子开始窃窃私语起来：

“我操，这是少林寺真传的大红拳，江湖早已失传……”

“屁，这是武当的凌云纵，你没看他刚才的脚步移动吗？又快又飘忽不定……”

“不对，不对，我看过金庸的小说，这是段誉的凌波微步……”

“别管是什么，你们没看那傻逼踩狗屎上了吗，这要让他踢身上一脚，得恶心我一个月……”

也不知道谁喊了一句“撤”，一群人随后挤在一辆太子摩托车上，扬长而去，只剩下身体还在不断颤抖的雷大斌。

已经没有退路的雷大斌，壮着胆子给自己头上系了一个红色头箍，然后拼命控制发软的腿，忐忑地看着王小帅，王小帅慢慢向他走近，雷大斌的腿不争气地软了下去。

王小帅伸出手拉起雷大斌：“你喜欢跳舞是吗？来，跳一段我看看，我和你一起。”

雷大斌没有勇气拒绝，他被王小帅拉起，然后跟着王小帅慢慢跳起舞来，他也不清楚到底是怎么回事，莫名其妙就跳起了舞。

跳着跳着，王小帅还不时指导一下雷大斌，然后王小帅就退到一边，让雷大斌自己跳着。雷大斌跳累了，蹲在了地上，此时王小帅又走了过来，摸了摸雷大斌的头，笑着说：“大哥，别欺负人，好不好。”

雷大斌抬头看着王小帅，王小帅的身后恰是西沉的落日，有些刺眼的余晖让雷大斌觉得王小帅身上仿佛镀了一身金光，这让雷大斌越发觉得这个动作诡异飘忽的人是个深不可测的高手，他攒起最后的力气，转身就跑……

看着雷大斌消失在远方，王小帅转身长长地松了一口气，他的后背早已湿透。

“没事了。”王小帅走过肖大宝等人身前淡淡说道，然后把鞋子脱了，准备把踩到的狗屎剔除干净。

“给我，给我。”肖大宝健步如飞地跑了过来，手上举着一根树枝，然后夺过王小帅手里的皮鞋，帮王小帅剔除鞋底的狗屎。

王小帅看着鼻青脸肿的肖大宝，正憨态可掬地帮自己剔狗屎，忽然觉得这小子也不是那么面目狰狞地可恶。

太阳下山了，王小帅没有给他奶奶庆生，而是找了个理由和肖大宝等人去了一家小饭店胡吃海喝了一顿，两个人越聊越投机，消除了因为马玲带来的误会之后，正式成为朋友。年少时总是如此简单就可以交到朋友，但往往在成熟之后就失去那些当年的伙伴。

成长的过程不仅仅是梦想一个个破灭的过程，也是身边朋友一个个离去的过程。

从那个冰释前嫌的夜晚开始，肖大宝和王小帅谁也不曾料到，在未来漫长的岁月里，在那琐碎平淡的生活中，彼此都将是永生的伴儿，斗转星移，任凭时光穿越。

但谁也不曾想到，在通往飞黄腾达的路上，一定会点缀着破碎的友谊，这是英国的威尔斯说的，这像是一个预言，更像是一个诅咒。

_11

除了几个当事人以外，没有人知道为什么最近王小帅和肖大宝混在一起了，说说笑笑，无比亲切。在很多人印象中，王小帅是一个老实的孩子，是一个喜欢跳舞的文艺少年，而肖大宝给大家的印象就是一个不折不扣的混子，所有人都觉得他们在一起，正应了那句老话：驴唇不对马嘴。

放学后，王小帅和肖大宝在学校楼顶聊天，这是他们最喜欢的地方，一眼望去，可以看到很远很远的地方，那种可以俯瞰一切的高度是他们年少时最喜欢的感觉。在这里，王小帅教肖大宝跳迈克尔·杰克逊舞，很快肖大宝也对迈克尔·杰克逊深深着迷了，每次跳完舞他们都在这里喝着汽水聊人生、聊梦想、聊哪个老师傻逼、聊哪个班谁谁谁狗屎、聊哪个班哪个姑娘胸大好看之类的话题，但每次谈到马玲，两人的神情还是多少有些尴尬。

“咱们学校又要组织联欢会了。”王小帅说道。

肖大宝喝了一口汽水：“咳，每年都举办，有什么新鲜的，除了今年有市领导来看，每年的联欢会都挺没劲的。老是那群孩子，傻子似的站在台上一个个哭丧着脸唱歌，市领导来了还得以为进了谁谁的追悼会现场呢。哎，不是我吹，每年我们班主任老丁都满脸堆笑地求着让我抱吉他上台，我就是不去，每次都装病。唱好了给他长脸，唱不好自己丢脸，里外捞不着好。”

王小帅呵呵一笑，沉默地看着手里迈克尔·杰克逊的卡带。

“怎么了？有想法？”肖大宝觉得王小帅的神情不对。

王小帅点点头，“咱们高三了，在这所学校的最后一年了，想上台，我想让更多同学看到我的迈克尔·杰克逊舞。”

“哦，这事儿啊，那就去吧，你这舞一亮相，绝对惊了那群市领导。”肖大宝说道。

“我想让你也参加。”

“啊？为什么？”

“我觉得一个人跳舞太单调了，我希望你能弹吉他唱迈克尔·杰克

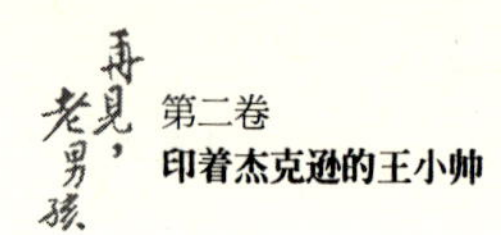

逊的歌，我伴舞，这样舞台表现力会更好的。”

“哦……”肖大宝一听到“吉他”这两个字表情不禁黯然几分，他的吉他早已在马玲拒绝自己的时候被扔到河里边了。

“没关系，你一定能找到吉他的，那小河不深，平时流动也很缓，你一定可以找到。”王小帅坚定地说道。

肖大宝没抱着找到的心态，漫不经心地随口说道：“好，我要能捞出来，就和你一起上台。”

“那咱们组一个组合吧。”王小帅兴奋地说道。

“野狼二人组！”肖大宝骄傲地说道。

“不好听，人家一听这名字就觉得咱俩是粗俗、没文化的流氓，不好，不好，咱们找一个能体现咱们友情的名字吧！”

“嗯……筷子，对，筷子，一左一右，缺一不可，怎么样，就叫筷子？”

“好，不错，不错，咱们这个组合就叫‘筷子兄弟’。”

……

肖大宝潜入水底有一会儿了，还不见动静。

“宝哥不会淹死了吧？”张建国坐在脚踏船上，紧张地说。

“不至于吧？”王小帅不禁有些紧张。

包子套着救生圈，浮在水里：“应该不会啊，宝哥水性挺好的啊！”

忽然水面的某个地方荡起一个涟漪，紧接着一把红色吉他破水而出，之后肖大宝也浮上水面。

“找到了，找到了！”包子大声欢呼着。

学校楼顶的鲜红色国旗在风中飘扬着，国旗下两个少年挥汗如雨，正在排练。

肖大宝和王小帅每天都在这里排练到夜鸟盘旋，天色灰蒙。他们暗下决心，不鸣则已，一鸣就要惊人，要惊着所有人，让每个人都可以看到他们的舞蹈，听到他们的歌声，让所有人都为他们而鼓掌，让舞台成为他们的江山。只是两个人内心都犯鸡贼地耍了一个小心眼儿，彼此都隐瞒了想好好表演给马玲看的想法。

_12

校内礼堂，座无虚席，马玲和郝芳坐在中间津津有味地看着演出。

校内联欢会每年都有几个保留节目，每年都有那么几个固定的同学表演——一班的杨帆，瘦高的个子戴了个眼镜，很有诗人的范儿，今天特意穿了不知道从哪儿淘来的衣服，一件土灰色且全是褶子的西服，后来大家才知道这西服是他老子结婚那年穿的，以至于杨帆穿起来极像一个村炮儿，而且这身西服明显宽大，穿在杨帆身上就像是挂在衣服架子上。

不知道为什么，好像是和台下坐着的市领导有关系，杨帆的表演很紧张、很失常，一上场抱着吉他的手就开始轻微抖动着，然后深呼几口气，稳定了自己的情绪，别出心裁地用英文喊“一、二、三、四”之后，便开始唱郑智化的《水手》，可一唱起来又开始紧张，声音细如蚊蝇，每个字都没在调上。台下的李大海此时犯起愣来，忘了市领导在台下坐着这一档子事儿，他忽然站了起来，对着杨帆大喊："下去吧，傻帽儿，说你呢，下去吧。"

李大海一起头，很多同学都开始跟着起哄，抱着法不责众的心态，当着市领导和学校领导的面大喊："下去，下去。"

杨帆看着台下，集体的起哄让他自尊心受到了极大伤害，他把眼镜摘了，然后擦了擦流下来的泪水，一路痛哭地小跑儿下去了。

此时，肖大宝和王小帅还在后台准备，杨帆表演之后就是他们了。肖大宝此时很紧张，看见杨帆哭着跑下来，更慌了："我操，杨帆都镇不住了，咱们也悬了，完了，完了，咱别演了，我，我要回家。"

说完，他又探头看了一眼台下那座无虚席的同学和市领导、校领导，更加胆怯了，他怕丢份儿、丢人、丢面儿。

而此时的王小帅却异常激动，他期盼已久的表演机会终于来了，他看着在一旁因为紧张而快哭出来的肖大宝，微笑地拍拍他的肩膀："别紧张，你现在就想象你是李春波，你就是迈克尔·杰克逊，你就是最牛逼的。"

说完，一把拉过肖大宝的手，准备上台，肖大宝一边被拉着走，一边哭喊着要回家。

主持人是三班的李香玲同学，穿着连衣裙，一蹦一跳地上台报幕，她提前被校长安排好的，上台报幕一定要蹦蹦跳跳，这样才能显示年轻人的活力。"下面请欣赏歌伴舞——*Billie Jean*，演出者，筷子兄弟。"

"拼了，爱怎么着怎么着吧，谁敢起哄笑我，我就他妈的天天抽他！”肖大宝暗下决心，和王小帅上台了。

台下李大海、张建国等人带头鼓掌。掌声中，肖大宝和王小帅静静地站在台上，舞台一片黑暗，唯有灯光聚焦在他们两个人身上。

随着音乐缓慢响起，两人摆出了很酷的造型，王小帅摆出了迈克尔·杰克逊经典的摸裆动作，肖大宝则像美国流浪歌手一般单膝跪地抱着吉他，此时台下的同学更卖力地鼓掌，李大海、张建国等人则呐喊狂呼，就连马玲也用力地鼓掌，眼神充满了期待。

为了这次表演，两个人已经练习了一个多月，每天废寝忘食、挥汗如雨、风雨无阻，好几次王小帅都练到腿疼得抬不起来，而肖大宝弹吉他的手指也一破再破，那些付出的汗水、那些付出的艰辛、那些付出的执著，终于要加倍回收了。

王小帅和肖大宝看着台下，看到了张建国、李大海因为过度兴奋呐喊而扭曲的脸，看到了马玲正微笑地看着他们，看到了无数双举起的手……

音乐前奏结束了，马上就该开始表演了，忽然间礼堂一片漆黑……

“怎么回事，怎么回事？”

“停电了，停电了……”

_13

机会就像马桶里的大便，一旦被冲走就不再回来，世间一切，不过就是风过花飞，一转眼便是往事。

联欢会因为意外断电而不得不终止，肖大宝和王小帅呆呆坐在楼顶，彼此沉默地望着远方天空，若有所思。

张建国、李大海、包子等人也一脸难过，陪坐在他们身边，所有人都默契地沉默着，谁也不愿打破这暂时的宁静，谁也找不到任何理由来安慰肖大宝和王小帅，这个楼顶仿佛只能听到风过的声音，空空荡荡。

“宝哥，别难过了。”包子怯生生，小声说道。

肖大宝转头看了一眼包子，淡淡苦笑一下，然后把头深深埋在膝盖内。

“就这样告别吧！”王小帅没头没脑地说道。

肖大宝明白，已经高三了，下个月就是高考了，没有人再有时间去折腾这些事儿了，也没有谁还有时间去听他们唱歌，看他们跳舞。为了这次表演，他们这一个多月已经落下了很多课程，他们耗不起了，他们注定就这样带着深深的遗憾离别这所校园，塌不倒的校园总有流水的学生，一代代、一批批，带着天真、带着童趣、带着活力、带着年少轻狂、带着朦胧的爱，而有些人则永远地离开。没有人会记得这个校园里曾经有一个弹吉他唱歌很牛逼的人，也没有人知道这个校园里曾经有一个跳迈克尔·杰克逊舞很牛逼的人，或许遗憾与遗忘，是他们与这所他们一起为之笑过、哭过、闹过的学校，彼此之间最好的纪念吧。

天空似乎承受不住如此压抑的气氛，瞬间变成深灰色——那是黑夜与白昼的过渡。

虽是盛夏，但每一个人都觉得这天气如同深秋，秋意肃杀，晚风萧索。

_14

王小帅的梦想是做一个文艺工作者，或为歌，或为舞，或为演。于是高考前，他踌躇满志地去参加了艺术学院的选排，或许那个年代的人只懂得何为民族舞，在那些面试考官的眼中，王小帅的迈克尔·杰克逊舞是下流的、猥琐的，具有蛊惑性、煽动性、挑逗性的下三滥玩意儿，所以集体表决：当场扼杀了王小帅报考艺术院校的梦想。

王小帅在深夜，静静坐在地下通道的台阶上，他想不明白为什么自己跳得这么好，却遭到了鄙视的白眼和无情的扼杀。而他身后，一个卖艺的人正用二胡拉奏着一曲悲伤的音乐，被这悲伤的音乐一刺激，王小帅潸然泪下，而在此时，一阵风吹来一张报纸，上面是关于迈克尔·杰克逊的最新消息：猥亵男童。

王小帅内心深处某种一直支撑他的强大的东西瞬间软化了，他狠狠地撕碎了报纸，把迈克尔·杰克逊的图片撕得四分五裂。

就这样，王小帅最后高考发挥失常，不得不远走他乡去念了一个大专，而在那里唯一的熟人就是当年一直围绕在马玲身边的郝芳，如果说王小帅这几年在外地上大学唯一的收获是什么，那就是与郝芳的恋爱。除此之外，一无所获。

肖大宝则走运了一些，考入了北京的一所大学，虽然算不上很牛逼的学府，但总算没有离开北京。大学里，肖大宝和很多孩子一样，平平静静上课，平平淡淡生活，组建过一支乐队，还未等处女表演开始，便因主唱人选存在很大的争议性，最后宣布解散。另外，他还有过两次恋爱，但皆无正果，第一个女朋友离他而去爱上了一个英俄混血留学生，肖大宝败给了一个杂种；与第二个女朋友交往一段时间后，肖大宝才得知这姑娘是一个大款的傍家儿，他拒绝共享。

大学里，肖大宝爱过、痛过、哭过。但自始至终，他内心都有一个抹不去的女孩身影——那个女孩梳着两个大辫子。

而包子、张建国、李大海等人也都有了归宿，天南地北，各自为战。就这样，这群在一起很多年的朋友散了，未来几年，大家都会认识新朋友，究竟有几个还会记得曾经在一起的点点滴滴呢？

都走光了，那些回忆该存往何处？

大学第一年，大家放假时常聚会，感情依然如故，彼此开涮，说着当年丢人的事儿以及大学里各自发生的事儿。

大学第二年，大家偶尔相聚，围坐一桌却彼此沉默，吃过喝过，一哄而散。当年那些陈芝麻烂谷子的回忆，早已说无可说，即使偶尔有人开启这个话题，大家也早就失去兴趣了。

大学第三年，大家渐渐失去联系，偶尔街头相遇，打个招呼，匆匆而别。

总之，关于肖大宝和王小帅的大学生涯，实在是没有任何可歌可泣的东西，也没有过多可以叙述的事儿。

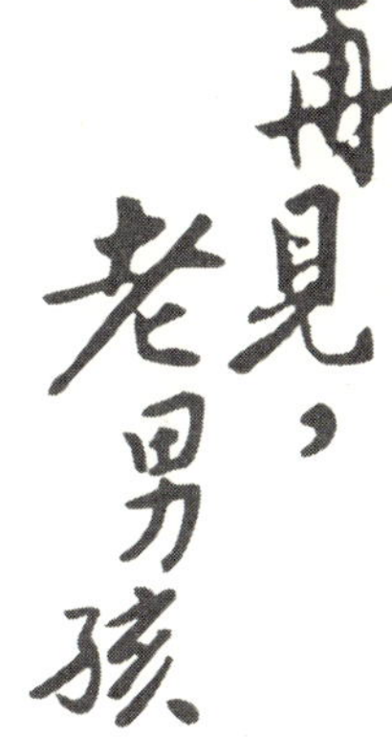

第三卷
狗血世界的爱情

肖大宝颠沛流离地混迹了四五年，从一个怀揣梦想的少年变成了一个没钱、没才、没貌的“三无”男人。做倒爷的那段岁月，肖大宝唯一给自己添置的东西就是一辆不知道几手的奥拓，以及一段差点儿结成正果的缘分——李芳。

_00

总觉青春时光是无穷尽的。十年、二十年是一个遥不可及的年月，忽然一晃神，一眨眼，我们就这样被岁月车轮卷入了社会之间。一进去，发现自己什么都不会，什么都要重新开始，还有那些念念不忘的趣事，一下子被时间定在很久很久以前，于是在人潮人海的都市中，我们来来去去，在晃晃悠悠的生活中，我们起起落落……

_01

2010年，海地发生7.3级大地震，埃塞俄比亚客机坠毁，莫斯科地铁发生大爆炸，这些消息铺天盖地而来，让本来就很悲观的王小帅更加悲观，让他觉得无论是生活在地球上还是飞在空中还是乘在车里，都随时要有和这个世界告别的准备和决绝之心。在悲观中，王小帅回顾了自己这三十多年的人生经历，他觉得最值得记录和可歌可泣的仅是他十年前毅然决然、没有退路的情况下娶了郝芳做老婆。那个外表肥腻的女人，对他真的很好，好到发腻。剩下的时光里，如果非要再选择出一些有价值的信息，那就是他没得过什么费钱又难治的大病，一直都好好活着。

那是2000年的夏天，北京如同火炉一般闷热难耐，王小帅大学毕业了，同时也宣告没有工作、失业的日子到来了。

郝芳那天破例约了王小帅喝咖啡，王小帅穿着黑跨栏背心、条纹大裤衩，踩着蓝色大拖鞋，睡眼惺忪地走了进来。大学毕业后，他不再注意自己的形象，变得邋遢不堪。而且他一向不喜欢咖啡店，跟中药一样苦涩的东西还卖那么贵。

郝芳如今又胖了，已经突破二百斤大关，此时的她正安静地坐在一个临街的地方，透过干净的落地窗看着窗外。

“你热不热？非要挑太阳足的地儿坐着，咱还不如买两瓶可乐，马路边上聊呢。”王小帅一边伸了个懒腰，一边嘟囔着。

郝芳眼神痴痴地看着窗外：“这儿挺好，阳光那浓浓的味道穿过玻璃，落入我们的咖啡里。”

“你没病吧？”王小帅费解地看着郝芳。

郝芳撇了撇嘴：“你这人怎么一点儿都不知道浪漫和享受啊，太不小资了，真没劲。哎，你看你穿这一身，一出门别人都以为你收破烂的，我昨晚上不是跟你说了吗，穿的正式点儿、精神点儿，你抬头看看别人，我就纳闷服务员怎么让你进来了？”

“他这门上也没写‘王小帅与狗不得入内’啊，我就这么大摇大摆进来了呗，我是谁啊？顾客，顾客是谁啊？上帝。上帝是谁啊？为所欲为的主儿。”王小帅对郝芳的话不以为然，然后看了看四周，“这是我唯一一套正式的衣服，跟家我都光屁股蹲着，再说了这儿坐着的人不是老板就是大款，最次也得是一个外企主管，我什么都不是，待业青年，我穿那么好给谁看啊？”

“讨厌，你越来越贫了，说话越来越像肖大宝了——不是东西，哎，今儿我找你来是有正事儿啊。”郝芳眼神忽然变得神秘莫测又充满期待。

王小帅盯着郝芳的眼睛，一字一句地缓缓说道：“看你这眼神，你莫不是想告诉我你傍了一个富可敌国、三辈子可劲儿花都花不完钱的大款吧？”

“我操你大爷！王小帅，我是那人吗？”郝芳瞬间变得愤怒，然后又平复了一下情绪，“真有正事儿，你先猜。”

“你先说好事儿坏事儿？我得有个准备。”

“好事儿，大好事儿，你就可劲儿地往好的方面去想吧。”

“台湾问题解决了，祖国实现真正统一？”

“不是。”

“朝韩首脑聚会平壤，解决半岛问题了？”

“滚蛋！王小帅，你别挑战我的耐性啊！”

“那我还真不知道了，你说吧。”

郝芳神秘又害羞地一笑，然后从包里掏出一个小盒子：“当当当当，给你！”

王小帅接过来打开一看，是一枚戒指：“什么意思？”

“我向你求婚！我要嫁给你！”

“吧嗒”一声，伴随着一句“我操”，王小帅举在手里的戒指掉入咖啡杯里。

_02

三环边一家不大不小、不算起眼也不算落魄的饭店，这就是大学毕业后的王小帅和郝芳举行结婚庆典的地儿，那是十年前。十年后，这里已经被拆除，据说饭店老板站在饭店的屋顶，企图引爆煤气罐和拆迁公司的人同归于尽，最后房屋在铲车摧毁下，顷刻变成一片废墟，扬起层层沙尘，沙尘迷蒙了被一群人按在地上的老板的眼睛。当时王小帅也在现场，他觉得那个老板的眼神如此无助，就像他小时候找不到回家路的眼神。

大学几年，郝芳利用“攘外必先安内”的战术一直在王小帅眼前晃悠，一边无微不至地失去自尊地对他好，一边明枪暗箭地阻击了几个看上王小帅的女孩，终于断了王小帅的所有念想。在王小帅一次喝醉的情况下，架不住郝芳的软磨硬泡外加挑逗，两人终于在校外一家小旅馆把生米煮成熟饭，酒醒后的王小帅追悔莫及，但看到床单上那一抹抹血迹，他知道一切后悔都已无济于事，最后死心塌地也别无选择地和郝芳结了婚。

“大家静一静啊，大家静一静，哎，说你呢，那孩子，别吹泡泡了，坐那儿别动了，还有你，那小胖子，对，别找了，就是你，全场除了新娘就你最胖，你还好意思找别人呢！赶紧找地儿坐下，别到处晃悠了，哎哎哎，那边那小哥儿几个，散了散了，一个个眉飞色舞大眼灯儿似的，聊什么呢，别堵道儿，哎哟，那边那奶奶是谁啊？搭把手，搀着点儿搀着点儿，千万别摔着，这可折腾不起啊，赶紧赶紧，谁给让个座儿，好了好了，大家注意了，各就各位坐好，结婚庆典马上就要开始了。”

肖大宝西服革履、人模狗样地站在饭店大厅临时搭的一个台子上，胸口别着胸花，上面写着“主持人”三个字，台下是王小帅和郝芳的所有亲戚朋友，什么三姑四舅五大爷的，形形色色，乱乱哄哄。这是肖大宝第一次做婚礼主持人，他为此练了好几天，只是他没意识到，这第一次，也是他从事这个行业的第一次。

王小帅家庭条件很一般，所以结婚一切从简，能省则省。如果不是为了收份子钱，连酒席或许都敢取消，而现场则简单搭建，饭店临时搭了一个小台子，摄像师找了一个亲戚帮忙，主持人就归肖大宝了，车队这边省了点儿钱，也没找什么奔驰、宝马等豪车，就是中等的几辆帕萨特，接完人赶紧打发走了，生怕再单开一桌给这群司机。

肖大宝看了看手表，十一点十八分，一个吉利的数字：“吉时良刻到，下面用我们最热烈、最不怕声大的掌声有请今天我们这里最大的领导、最大的官——新郎官，带着他的爱人上场！”

在门德尔松的婚礼进行曲中，王小帅和郝芳面带微笑从后台缓缓走出，穿过人群过道，走上台，郝芳的表情充满掩饰不住的激动，王小帅则平静如昔。

“慢点儿，这台子搭得不结实。”肖大宝趁转身机会，悄悄对郝芳说，郝芳给了肖大宝一个白眼。

“这婚纱哪儿订的？还真有你这么大号的，是不是拿你们家那蚊帐改的啊？”肖大宝还调侃着郝芳，小声说道。

郝芳面对众人保持着微笑的表情，然后从牙缝里挤出几个字给肖大宝：“我就操你大爷，肖大宝！”

“哎哎哎，别逗了。”王小帅捅了一下肖大宝。

肖大宝赶紧转身，继续主持：“嗯，嗯，那个，那个，对，有人说，这世界上最幸福的事情是花了两块钱中了五百万；有人说，这世界上最幸福的事情是开着奔驰坐着宝马住着别墅喝着洋酒。错，大错特错，这些都不是，这世界上最幸福的事情就是找到属于自己的那份真爱。我们在茫茫人海之间，每天都在和无数人擦肩而过，一生甚至会和几亿人擦肩而过，但唯有爱你的人才会与你并肩而行，这几亿分之一的概率难道不比中了五百万更加让人觉得幸福吗？”

台下响起一阵掌声，肖大宝微笑地挥挥手，对自己的主持很满意：“今天，是一个普天同庆的日子，今天，全世界的人都热情洋溢着微笑；今天，巴以冲突停火了；今天，非洲国家埃塞俄比亚和厄立特里亚的边境战争停火了，双方今天放下了武器，忘记了杀父夺妻之恨，忘记了丧权辱国之痛，在此刻，不分敌我地紧紧地拥抱在一起，不是兄弟胜似兄弟，一起举杯共同为了王小帅和……”

“嗯嗯。”王小帅咳嗽了两声把肖大宝的话打断，然后假装捂嘴咳嗽地说道，“哪儿那么多废话，我他妈又不是联合国安委会主席，赶紧办完得了，饿着呢。”

“OK。”肖大宝打了个手势，“下面，我们有请证婚人上台证婚。”

台下王小帅的舅舅正和一个老朋友聊天呢，没想到这么快就被叫上台了，赶紧起身准备小跑上台，一抬腿，脚挂在椅子腿上了，顿时摔了一个跟头，起身后，对大家尴尬地笑了笑，说了句“我激动了，我太替他们高兴了”，然后一瘸一拐地上台宣读了他们的结婚证词，接着又一瘸一拐地下来了。

证婚人读完结婚证词，肖大宝也没过多废话，按部就班地安排了所有流程——新人父母上台、新郎新娘交换戒指、三鞠躬、新人给父母敬茶、双方父母代表讲话。

此时，王小帅与郝芳也被折腾得额头冒汗了，肖大宝也不忍心整他们了，所以放弃了恶搞环节，就差最后的交杯酒了：“接下来两位新人将喝下新婚的美酒，酒是浓香的，它象征着你们未来的生活和和美美，所谓感情浅，舔一舔，感情深，一口闷，下面请新郎新娘举起你们手中的酒，听我的口令……”

王小帅与郝芳端起装满了可乐的高脚杯，然后彼此缠绕着胳膊放在嘴边，等待肖大宝最后的口令，就终于可以结束了。

肖大宝见两个人都准备好了动作，微笑地点点头，大声说道：“现在，开始喝，交——配——酒！”

说完这句话，肖大宝立马意识到自己兴奋过头失语了，把“交杯酒”说成“交配酒”了，赶紧捂着自己的嘴，看着台下众人反应，台下所有人都带着诧异的眼神看着肖大宝，而此时王小帅和郝芳也都怔怔地看着肖大宝，举在空中的酒杯不知道该不该喝下去。

酒店一片安静……

_03

王小帅的婚礼就这样稀里糊涂地过去了，唯一遗憾的就是他联系了一些曾经的同学，也特意为同学备了一桌饭菜，但只有李大海一个人坐在那桌。李大海此时开了一家串店，虽然小本生意上不得台面，但收入还算可以；而做了销售员的张建国去外地出差了回不来，让李大海给带了份子钱；包子没联系上，其余诸人不知道什么原因没来。郝芳也很遗憾，她曾经最好的朋友马玲也没来，而且一个理由、一个电话也没有。

结婚后很长一段时间，双方老人一提起王小帅的同学外加哥们儿的肖大宝依然是一脸不屑，一句“交配酒”让双方老人都挺尴尬和气闷，觉得王小帅用人不善，不知从哪儿找来这么一个顾头不顾屁股的主儿。

结婚几年后的王小帅陆陆续续干了很多份工作，没有一个长久的。赚钱的工作找不到，不赚钱的活儿又干不下去，最后他决定自己练摊儿，过街天桥卖过毛片，市井胡同卖过盗版碟，也在夜市鼓捣过假名牌，但每次都点儿背——被城管当场拿下，让他时常以为城管局就是为他而设的机构。

折腾来折腾去，终于把自己折腾疲了，也折腾累了，迷迷糊糊地过了而立之年，早已没有什么雄心壮志，老老实实地认天命，不再跟自己较劲儿了。后来他找了一家招学徒的美容院，和一群小男孩小女孩一起做学徒，学了半年多的理发，顺理成章地做起了理发师，在自家老宅子旁边弄了一个小门脸儿。他是老板，唯一打下手儿的伙计就是他老婆郝芳，干递个毛巾、给客人洗洗头之类的活儿，日子过得平静如水，也显得每一天都那么悠长。而他似乎早已习惯了这种安静日子，每天跟那些老街坊邻居来理发的大爷大妈说两句家长里短的话，倒也很享受这感觉，谁家的秘密都知道一点儿，捣鼓来捣鼓去无非就是谁家媳妇儿跟外人有一腿，谁家老头儿老不正经去嫖娼，谁家儿女不孝之类的话题。

郝芳太胖了，这么多年他们一直努力造人，任何姿势都尝试过，所有民间偏方都吃过，却始终没有进展，郝芳的肚子依然因为油水过多而日渐发福，这是夫妻俩的一个遗憾，对于孩子，王小帅抱着得之我幸失之我命的心态面对。

肖大宝毕业后，浑水摸鱼地去了一家国企，每天朝九晚五，生活安安静静。他所在的办公室除了他还有两个老职工，一个是每天都研究棋谱的老赵，一个是每天都没完没了嘟囔自家孩子上高中如何淘气、如何不好好学习、自己的老公如何不争气的怨妇王大姐。

肖大宝一直混到这家国企资不抵债地倒闭而被精减出门，由于在国企养尊处优地干了两年多，肖大宝变得一无是处，从国企所学到的东西就是混日子和扯淡，但这两个特长不足以让他找到一份学而致用的工作。

于是肖大宝开始疯狂折腾起来，倒过外贸衣服，倒过二手车，倒过二手房，也做过酒吧歌手，凡是投机取巧的赚钱工作他都做过，北京话——倒爷。

倒爷肖大宝酸甜苦辣总是默默扛着，逢人依然无限地吹牛逼，往脸上可劲儿地贴面儿，伪装出一个强大的自己。一个人内心越缺少什么，他往往就越爱表现什么，比尔·盖茨从不给自己吹一句牛逼。

肖大宝就这样颠沛流离地混迹了四五年，生活依然平平淡淡，银行存款只出不进，日子过得索然寡味，从一个怀揣梦想的少年变成了一个没钱、没才、没貌的“三无”男人，偶尔还要向父母借贷。在走投无路的情况下，他最终做了一名婚礼主持人，彻底告别倒爷时代。

做倒爷的岁月，肖大宝唯一给自己添置的东西就是一辆不知道几手的奥拓，以及一段差点儿结成正果的缘分。

_04

2003年，非典爆发，所有生意都不好做，世人畏死，足不出户，商场冷清，学生放假，企业停产。

肖大宝所在的一个专卖假货的商业街也是行人稀少，他低着头抽烟，盘算着这个月的摊位钱该如何去交，上次和家里老爷子要钱已经被一顿痛骂了，老爷子说话如刀子，句句刺心。

“你也是二十多岁的人了，你不给家里赚钱我们不怨你，可你也得学会自己能养活自己啊？总不能没完没了地吃我和你妈这一辈子攒的那点儿仨瓜俩枣的钱吧？你对着镜子看看自己，也是一个大老爷们儿了，我肖国庆怎么就生出你这么个没出息的玩意儿啊！”

“哎，这衣服不错啊，仿Dior的那款裙子，我记得上次电视里看席琳·迪翁出席一个颁奖晚会就穿的是这身儿，仿得还真不错啊。”一个穿着白T恤的年轻女孩和一个同伴正在看衣服。

肖大宝见来主儿了，眼睛顿时一亮：“姑娘，外行了不是，这个不是仿的，是真的，外贸尾货，出口转内销，保真。”

“切，少来，你们这行人说话有一个靠谱儿的吗？”女孩笑着说。

“有一个。”

“别说是你啊，你要说是你我立马就走，还不看了。”

“这么漂亮的一双腿长在您身上，您要走我绝不拦，散买卖不散交情，大家萍水相逢就是缘分，但您要是阻止一个在这行业还有一些良知、还愿意说一些真话的人说实话，那你就是扼杀这世上仅有的越来越少的品质——真诚，另外还推波助澜、助长假大空的虚伪气焰继续嚣张。”

“哟，我不让你说话，我还成世界公敌了？你不如说相声去吧，卖衣服真委屈您了。”

“不委屈，干一行爱一行。哎，不是我说，这款裙子我在南美一共就找了五条，这是最后一条，你不买明儿来保准没了。”

“信你的，明儿我来你藏起来我也不知道啊。”

这个白T恤旁边的眼镜女鄙夷地看了一眼肖大宝：“哥哥，别说了，我这朋友以前也是干这行儿的，蒙谁都成，就是别蒙内行。”

“哦，同行？”肖大宝顿时有些臊眉耷眼地看着对方，“那咱也别白话了，您开个价吧。”

“50。”白T恤女孩伸出五个手指。

肖大宝正要组织恶毒语言挖苦这个女孩，这时手机响了：“大宝，你妈高血压犯了，从楼道摔下去了，现在在医院，你赶紧过来，带点儿钱！”

肖大宝的老子说完这几句命令，便挂断了电话。

肖大宝愣了几秒，赶紧从摊位衣架上拿起那个腰包，然后又从柜子里把那些零钱一股脑儿地全塞进腰包之后，冲了出去。

“哎，哎，你卖不卖了？你要是觉得价给低了咱们再商量，你也不至于跑啊？”

“姑娘，我相信你是一个好人，你帮我盯会儿店，等我回来就把这裙子送你！我很快就回来！”说完，肖大宝的身影消失在这个商业街的拐角。

到医院的时候，肖大宝的父亲正守在急救室的门口团团转，看见肖大宝冲进来的时候，坚毅的老人眼角似乎有泪滴出。

肖大宝一边走一边解开腰包，从里面掏出一沓钱：“爸，拿着。”

肖父举着那薄薄的一沓钱：“这是多少？”

“一千……我就这么多了。”肖大宝低头嘟囔道。

“上个月你从家拿的那两万呢？”

“交摊位，还有进货了。”

“上星期你从你舅舅那儿不是借了一万五吗？”

“……”

“钱呢？”

“玩牌……输了……”

“你……跟谁玩的？”

“旁边那几个摊主。”

“啪”！肖父一个大嘴巴狠狠抽在肖大宝的脸上。

肖大宝觉得鼻子一阵腥气，血从鼻孔流了下来，他摸着火辣辣的半边脸，低着头不敢说话，他觉得这一个嘴巴抽得轻了，他很想再给自己补一个嘴巴。

“滚蛋！你给我滚，别他妈在我眼前晃悠，你给我滚得越远越好！”肖父声嘶力竭地吼着。

“爸，我错了，您再想想辙儿，跟谁借点儿，先救我妈，到时候我卖器官替您还，我求您了……”肖大宝跪在地上，没出息地哭着。

肖父举起手还要打的时候，肖大宝的舅舅也来了，赶紧拦着肖父：“姐夫姐夫，先救人，别跟孩子较劲儿，打出个好歹来更添乱，我带着钱呢，还差多少……”

肖父老泪纵横地指着肖大宝说不出话，肖大宝也是第二次看见老子哭得这么伤心，上一次是他奶奶去世。

_05

回到自己的摊位，已是下午四点多了，肖大宝肿着半边脸，疲惫不堪地回来了。

白T恤女孩果然坐在那里正跟一对小情侣讨价还价呢："哥们儿，咱不骗你，这批货是从南美那边进来的尾货，出口转内销，这一批进了五十多件，不到一星期就剩下这一件了，你今天不买，我可不保证你哪天一后悔的时候衣服还在啊。再说了，也没多少钱，穿你女朋友身上又那么好看，你至于吗，你退一步，我让一步，我也不坚持200了，显得咱们特二似的，咱们就180块钱成交吧，图一个吉利数，这个你要是再不接受，那我都不拦你了，想走就走。"

男孩看着女朋友痴痴盯着那条裙子，然后咬了咬牙，掏出了钱。

那裙子就是那个白T恤女孩上午想以50块钱买的那条，最后花落别家，女孩挽着男孩的手臂欢天喜地地走了。

肖大宝看到这一幕，不禁哑然失笑，还有比自己更黑的人呢，裙子成本不过30块钱，如果上午不是有急事，肖大宝很可能50块钱也就卖了。

"真牛逼，服了。"肖大宝一屁股坐在椅子上。

"我跟你说了我以前也是干这个的，你不信啊，还跟我那儿没完没了，哟，出去一趟怎么脸都肿了，没干好事吧？让人老公捉奸了？"女孩一脸坏笑地说。

肖大宝没有心情斗嘴："这裙子卖了，我怎么送你啊？"

"你这店这么多衣服呢，你让我随便挑一件呗，从你一走到刚才，我可帮你卖了6件衣服了，给你钱。"女孩从兜里掏出一沓钱给肖大宝。

肖大宝接过钱，草草看了看，大概一千五六百的样子："成，除了貂皮的衣服别动，其余的随便。"

“你真够抠门的。”

“你叫什么名字？”

“李芳，今年21，北京西单站柜台的，还有什么要问的？”

“没了，谢了，一会儿我请你吃饭吧，那个女孩呢？”

“成，算你有点儿良心，我饿着呢，她回家了，你等会儿，我先挑件衣服，本姑娘不做赔本买卖，不能白忙。”

肖大宝淡淡笑了笑，然后举起手中那一沓钱，眼神又黯淡下去，他妈脱离危险期了，但还需要住院一段时间观察，肖大宝已经拿不出一分钱了，他觉得自己活得很失败。

北京的酒局一直流传着这样一句话：喝酒的时候，有三种人不能惹：吃药片的、红脸蛋儿的、梳小辫的。

梳小辫的指的就是女孩子，肖大宝算是彻底服了这句话，他喝到第六瓶啤酒的时候，李芳也不甘落后地开了第六瓶。

“你还挺能喝。”

“还成吧，喝酒除了扶过墙，没服过谁。”

“那咱们再要几瓶备着呗。”

“随你……”说完这句话，李芳就倒在桌上。

“哎哎哎，姑娘，你醒醒啊，这大半夜的我带你去哪儿啊？”肖大宝一边拍着李芳的后背，一边说道，“喝酒吹什么牛逼啊，这下栽了吧，亏我不是一流氓，醒醒，醒醒啊。”

肖大宝带着女孩回到店内，把女孩扶上床，李芳躺在床上沉沉地睡着，浑圆挺翘的胸部随着呼吸一起一落，看得肖大宝闹心不已。

“得了，至于吗……你妈还住院呢，还有心思琢磨这个，真他妈不是人了。”肖大宝嘟囔了一句，然后打了个地铺睡去了。

这一夜，肖大宝没能安然入睡，脑里不断闪过他爸那张挂满泪痕的坚毅脸庞。在他很小的时候，他一直认为他爸是一个变形金刚，是个从不知道哭泣的钢铁人，如今却因为自己的不争气而伤心成这样，肖大宝一想到这里就有一种想死的心。后半夜，李芳开始闹酒炸，吐得满床都是，肖大宝还得照顾她，直到天边泛白的时候，肖大宝才慢慢入睡。

“起来，起来。”

肖大宝觉得有人踢自己，睁开眼睛看是李芳，蓬头垢面地站在他身前，表情有些难以琢磨，肖大宝闭着眼没好气地说：“您睡醒了？这他妈的一夜给我折腾的，你醒了爱干什么干什么去吧，我再睡会儿。”

“你昨晚干什么了？”

“什么意思？”

“……你碰没碰我？”

“碰了，废话，不碰怎么给你扶上床啊，喝得跟死狗似的。”

“然后呢？”

“然后你就睡，睡着睡着就吐了，吐完了接着睡。”

“那你呢？”

“废话，你吐我一床，我得收拾啊，老子喝多了都没人伺候过。”

李芳愣愣地盯着肖大宝看了几秒钟：“成，我信你，我觉得你这个人其实还挺不错的啊。”

就这样戏剧般的相识，李芳成了肖大宝的女朋友，她辞去了西单的工作，一心一意帮肖大宝忙，李芳的眼光和经验比肖大宝强不少，这段时间的生意渐渐好了起来，这让肖大宝如获至宝一样地开心，他看着李芳忙碌的背影，内心感到安稳无比。从这一刻起，他开始想和李芳结婚，想一辈子和这个说话干净利落、做事不拖泥带水的女孩在一起，永远在一起。

_06

肖大宝带着李芳回了家，能说会道的李芳第一时间俘虏了肖父和肖母的心，他们都觉得这丫头长得精神、笑得又甜，会说话又会办事，最关键的是还能旺夫，让肖大宝的生意越来越好，老两口恨不得立刻就让两个人三拜天地，免得夜长梦多。

李芳也兴高采烈地带着肖大宝回了家，李芳的父母则反应平静，对肖大宝倒是挺客气，但越客气肖大宝就越觉得自己是外人。

“叔，来，您把这螺丝刀给我，我换灯泡，这么高，您别摔着。”

“没事没事，你坐那儿待着吧，我还干得动。”

“阿姨，阿姨，您把墩布给我，我帮您擦地吧，我这人就好干净，从小就喜欢劳动。”

“没事没事，你坐那儿吧，我简单收拾收拾。”

肖大宝时常遇到这样的场景，一来李芳家，他就觉得自己是多余的，无所事事，坐在沙发上只能老老实实地看电视。

“你父母是不是不喜欢我啊？”肖大宝一边收拾刚进的货，一边问道。

李芳在算账，头也没抬地说道：“没有啊，说你挺老实的，一到我家你倒装得还挺好啊。”

“那我怎么觉得他们对我那么客气，把我没当自己人呢？”

“你这人贱是吧？去我家，非得让你干活你心里才舒服啊？改天我带你去我老家，该秋收了，你给我奶奶他们干农活去吧，顺便让那些骡子啊、马啊、牛啊都休息休息。”

“不是，我不是这意思，我就是心里不踏实，我怕失去你。”

“你就放心吧，我认命了，被你一顿啤酒就给骗了，也没想着回头了。再说了，现在你爸你妈已经把我当儿媳妇了，那天你妈还跟我探讨生孩子的事儿呢。每次一去你家，你妈就给我没完没了地夹菜，我都胖了好几斤了，我要离你而去，我对得起老人吗？”

“不过你可得跟你爸妈说清楚了，结婚了得和我妈他们一起住，我家就那一套楼，还是我爸当年单位分的呢。”

“知道了，住一起就住一起呗。一回家老头、老太太把饭都做好了，咱们还省事了，就洗洗碗算什么啊，大不了过性生活的时候，我戴着一个口罩，省得叫出声来。”

听李芳这么一说，肖大宝心里感觉踏实多了。

2003年七夕的前一夜，肖大宝决定和李芳去领证，李芳听到这个消息瞬间怔住了，眼神掩饰着一抹慌张，之后就一脸坚毅地笑着同意了。心花怒放的肖大宝完全没有注意到李芳眼中不断飘忽的东西。

七夕这一天领证的人很多，肖大宝和李芳约好早晨八点民政局门口见。

当肖大宝把第六支烟弹到地上的时候李芳还没出现，电话也一直打不通，他内心闪过一丝恐惧。他不能再等了，就在他准备去找李芳的时候，李芳的母亲却面如寒霜地出现了。

“阿姨，李芳呢？”

李芳的母亲上来就是一个大嘴巴，打得肖大宝愣住了。

“你还想怎么折腾？你还让李芳偷户口本和你领证？你真不是东西！要不是他爸今早要用户口本去邮局领东西，发现户口本没有了，这才怀疑到李芳头上，要不然就让你给拐走了！”

“偷，偷户口本？”肖大宝诧异地说道：“我没让她偷啊，我们约好今天领证的啊？我没拐她啊？我们两情相悦啊，阿姨，难道你不知道我们的感情吗？”

“你放屁！我们一直就不同意你们在一起，我们家李芳两个月之前就告诉我们，你们分手了。谁知道你们还在一起？蒙就蒙了，现在都敢偷户口本了？要不是你教唆我们家闺女能干出这些事儿？我怎么就他妈生了这么一个见着男人走不动道的贱丫头啊！”

这时候，一群人迅速围观过来看热闹，李芳母亲还不依不饶地骂着肖大宝，肖大宝百口莫辩地低着头，他觉得李芳母亲的每一句话都如一把刀子，一刀刀狠狠地撕开他的胸口，然后一刀刀地戳进心脏。

李芳的母亲骂够了之后离开了，所有围观的人没有热闹看了便也散了，只留下肖大宝孤单单地站在民政局门口。

_07

回到家，肖家已经做好了满满一桌饭菜，他们在等着肖大宝和李芳回来，在等着未来的亲家一起商量结婚办事的事情。

肖大宝眼神呆滞地回来了。

“李芳呢？”肖母问道。

“没了，一切都没了，我不吃了，我困了……”肖大宝回到自己的房间，一头倒在床上，泪如决堤。

不知过了多久，肖父走进屋，掏出今天特意准备的“三五”，自己点了一支，然后递给躺在床上的肖大宝：“抽一支，别糟蹋了。”

从小到大，从偷偷抽烟到明目张胆地抽烟，这是肖父第一次给肖大宝让烟。肖大宝鼻子一酸，接过来插在嘴里。

爷俩谁也没说话，沉默着抽烟，肖大宝眼睛直勾勾地看着天花板，肖父则低着头看地板。

“天，也就是眼皮上那道蓝，没啥过不去的坎儿。”肖父忽然说了这么一句。

肖大宝没有反应。

“其实，我和你妈也不是很喜欢李芳这孩子，叫叫喳喳，太闹腾，没个稳重劲儿，掰了也不是什么坏事，人这一辈子，谁能一直都顺顺利利的啊，什么都顺了，老天爷该不干了。”肖父继续说着。

肖大宝积蓄了很久的泪水再次划落，这次他是为自己的老爸老妈而哭，他知道老人有多喜欢李芳。

“爸，我没事儿，我也是一大老爷们儿，我顶得住，我就想自己待会儿。”肖大宝小声说道，尽量让语气平稳。

肖父没说话，叹了一口气出去了，肖大宝就一直那么颓在床上，窗外的白昼深沉地投入黑暗，一下就天黑了。

晚上，窗外灯火通明，酒吧、KTV、饭店全部爆满，都是一对对的情侣尽享着七夕之爱。

屋内一片漆黑，也不知几点了，肖大宝收到了李芳的短信：**大宝，我爱你，可是我无能为力了，我也爱我的父母，我们就这样吧。忘了我，我也会忘了你，遗忘是我们给彼此最后的纪念，别再给我打电话，别再找我，如果你为我好。**

肖大宝看着短信，他想象此时的李芳正泪流满面，一个字一个字地拼写，然后发出去之后趴在床上像个委屈的孩子肆无忌惮地哭着。

这个七夕之夜，织女没来，牛郎孤零零地躺在床上，一动不动，眼神空洞，表情麻木。

不久，肖大宝知道李芳的父母给李芳介绍了一个外企的小主管，并迅速结婚了。他也曾在马路上看到他们一起逛街，那男人身材瘦弱矮小，拉着李芳的手更像是他小鸟依人，而李芳的表情平静，没有过多欢喜，没有过多悲伤。

后来才知那年七夕，父母以死相逼，她离开了肖大宝，顺从地接受了父母的安排，按照父母所定义的幸福生活，疲惫地活着。

那以后，在这个城市里，肖大宝再也没有见过李芳，或许他们早已搬走，总之他们在一起的那些时光，都破碎在这座喧嚣的城市之中。

肖大宝觉得那男人哪里都比不上自己，唯一的一点就是他可以给李芳一个属于他们两个人的三室一厅，外加一辆本田雅阁——那也是自己给不起的东西。

李芳离开后，肖大宝已无心做生意，所以生意每况愈下，等他想振作起来的时候，一切都晚了，最后不得不低价盘给了别人，盘店仅有的那点儿钱，他买了一辆不知道几手的奥拓，最后辗转奔波，他做了一名婚庆司仪。

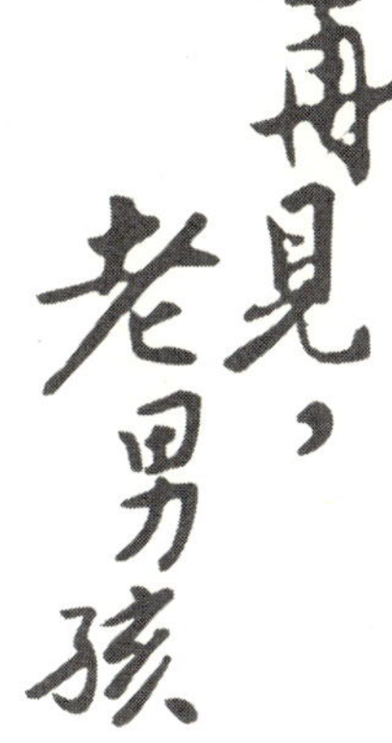

第四卷
渐行渐远的青春

除去睡眠，人一生只能活一万多天，王小帅觉得自己和别人不一样的地方就是，别人是活了一万多天，而自己却只是活了一天，重复了一万多次。

他最近时常拷问自己：曾拼了命相信的东西都是真的吗？在这个物欲横流、四处浮夸的城市，谁可以为自己的青春作一个见证？

_00

生命中总有那么一段岁月，时常忘记为何而笑、为何而哭，时常颠三倒四、腰酸背痛，没错，我们的年龄又到了一个高度，以此为原点，以后的岁月，只有顺风下坡之路，没有勇攀高峰之志。

人到中年，即使你活得麻木也总该知道这十件事：一、不是你一个人有过梦想；二、最爱的女孩未必是你的新娘；三、别总认为社会是公平的；四、别认为自己处处与人方便的同时也会得到别人的帮助；五、别相信天上会掉馅饼；六、相信钱可以解决一切；七、每个人都是自私的；八、十年前你省吃俭用攒了几十万准备买房，十年后你只能勉强交个首付，然后余生胆战心惊地过日子；九、十年前你说一句“我爱你”，然后送给她一个围脖，她会感动到哭，十年后你说一万句“我爱你”，然后送给她一枚戒指，她会说怎么没镶钻；十、这一生你不会永恒拥有什么。

_01

韩福国老人已经69岁了，五年前老伴儿去世，相濡以沫47年的老伙计离开了，衣食住行被照顾了一辈子的老人忽然觉得生活变得空洞，没有任何意义，度日如年，儿女忙于工作无暇照顾，为老人花钱雇了保姆，但每个保姆都干不长就被老人辞退，他总拿自己老伴儿对自己的照顾来衡量别人，最后诸多儿女不得不轮番请假照顾老人。三年前，老人突犯脑血栓，很严重，最终双腿瘫痪，终日靠轮椅活动。

“我知道你们忙，我也不想拖累你们，也不想要保姆，只想要个伴儿，要个能说上几句话的伴儿……”这是韩福国老人七十大寿时吐露的心声。

儿女比较开明，四处寻人打听，终于物色了一个合适的人选。

李秀芬老人今年66岁了，身子骨儿还很硬朗，没事看电视的时候还能吃几个蚕豆，嘎巴嘎巴地磨牙玩儿，40多岁时候丈夫车祸遇难，唯一的女儿远嫁他乡，她守着一个空房子，终日郁郁寡欢。当韩福国老人的家人说明情况后，老太太二话没说就同意了，她憋屈太久了，她总觉得，一个人的家永远算不上一个家，哪怕有个人让她照顾，那也是个家。

于是，双方儿女准备为两位老人办一场婚礼，婚庆公司把肖大宝派了过来，在这一行业，肖大宝已经混迹多年了，算得上是身经百战，在婚庆界也算是一个人物了。

肖大宝一身白色西装，红色衬衫打了个领结，弄了一个背头，笑容满面地站在主持台上，他还是那副吊儿郎当的神态，只不过身材已发福，当年拥有八块腹肌的肚子变成了一块腹肌——将军肚。

这几年他主持过太多的婚礼了，大小场面见过不少，他挂着职业的微笑站在台上，气定神闲，只不过微笑的时候眼角的皱纹明显多了很多，那一道道皱纹，记载了岁月流逝带给他的种种悲欢离合，而立之年已过，却还单身一人。

他主持过无数的婚礼，但从未考虑过自己何时能够结婚，因为他不再相信天上会掉馅饼的事情了，所以从未奢望过这现实年头儿，哪个女孩可以不在乎那些没钱没房的客观条件，抱着和父母拼个鱼死网破的心态，然后如飞蛾扑火一般去嫁给他。三十余年，他目睹世间太多无奈，一次次的叹息让他对生活变得有些麻木，至少不会像以前那样有那么多梦想和幻想了，现在他安于现状，本本分分地活着，简单而平静，唯一的乐趣就是不定期和王小帅去李大海那个串店痛快喝一顿，每次喝到不省人事的时候，嘴里都不停嘟嘟囔囔固定的那几个词：马玲、李芳、筷子兄弟……

那些都是他曾经的梦，早已轻易不敢说出口了，也不好意思说出口了，这岁数还天天把理想、梦想挂在嘴边，他臊得慌。

“翘首盼，看新娘，大眼睛，高鼻梁，身形苗条似仙女，风姿翩翩似鹤翔，唇红齿白体透香，赛过五彩金凤凰……”肖大宝满嘴泼墨地介绍着李秀芬老人。

李秀芬老人今天穿了一身红色旗袍，显得年轻了十岁，但在肖大宝的介绍下也难为情地低下了头，而台下家属表情有些不自然，他们觉得那些形容词格格不入，似乎更有讥讽之意，但碍于婚礼还在继续，谁也不好意思说什么。

介绍完新娘李秀芬，肖大宝又开始介绍旁边坐在轮椅上的韩福国老人，此时的韩福国老人已经被折腾得有些颤巍巍，他本想简简单单地吃顿饭，就算完事了，但儿女就是想大办特办、热热闹闹地冲冲喜，所以一大早就被折腾起来理发、化妆、洗澡、换衣服之后坐着车子接人，总之年轻人结婚的那套程序老人也从头到尾走了一遍，已有些憔悴不堪了。

“看新郎，也漂亮，英俊潇洒相貌堂堂，浓眉大眼落落大方，比阿兰·德龙有魅力，比施瓦辛格体格棒……”肖大宝说得有些激动，顺势拍了一下韩福国老人的肩膀。

韩福国老人被肖大宝这突如其来的一拍吓了一跳，身子一歪，不住咳嗽，台下老人的家属顿时个个怒目瞪着肖大宝，肖大宝尴尬地咽了口吐沫，笑了笑，继续下一个程序，从兜里掏出了一个红线拴着的苹果。

“爱情果一线牵，象征浪漫好姻缘，我数一二三就开吃啊，来，大家掌声响起……”

伴随着台下的掌声，两位老人面对面，肖大宝拽着红绳，把苹果放在两位老人的脸中间：“一二三，吃。”

两位老人张开嘴一同凑脸过去吃苹果，肖大宝狡黠地笑着，就在他们的嘴刚碰到苹果的时候肖大宝拽了一下红线，两位老人的嘴扑了个空，肖大宝以为这样会活跃气氛，只是他忘了眼前的这对新人都已到或将到古稀之年，台下众家属都带着愤怒且不可思议的表情看着肖大宝，觉得这个主持人也太不靠谱了。

韩福国老人的大儿子刚要起身指责肖大宝，却被他媳妇赶紧拉住了，这时上去无疑只会破坏整个婚礼的气氛，只能攥着拳头干看着。

肖大宝如是三番五次地恶搞两位老人，台下所有人的心都纠结在一起，韩福国老人吃不到苹果暗暗着急，看见苹果再次放在眼前，赶紧凑脸过去，不曾想劲儿使大了，一下子歪倒过去，口水顺着嘴角滴落下来，而李秀芬老人也没注意到韩福国老人的情况，吃不到苹果早已着急不已，也顾不上什么规则，伸手把苹果攥在手心，放在嘴边大快朵颐地吃着。

台下所有人都觉得韩福国老人不对劲儿了，大儿子赶紧跑上台扶着老人："爸，爸，媳妇儿，赶紧打急救电话……"

肖大宝也傻了，他目瞪口呆地看着韩福国老人歪靠在椅子上抽搐，不知如何是好。

这时候韩福国的大儿子转身就是一拳，打在肖大宝脸上，其余几个儿女也纷纷上来把肖大宝按在地上，连踢带打。

"大哥大姐们，别打了，听我解释，哎哟，别打了，听我解释，这是一个意外，我主持婚礼这么多年，哎哟，哎哟，冷静点儿，有话好好说，哎哟，出人命了……"肖大宝抱着头蜷着身子躺在地上，左滚右滚地躲着。

忽然不知谁的一只脚踢了过来，黑皮鞋尖狠狠踢在肖大宝的裆部。

"哎哟……"

_02

王小帅的小理发店生意一般，基本上都是邻里街坊的大爷大妈们过来，价格自然也便宜很多，而那些年轻人不管多远都要去什么“美神”之类的地方理发，随便弄一个头发就是一百多。尽管如此，他还可以勉强生活，好在王小帅和郝芳没有孩子，两口子一直安稳平静地操持着这家小理发店，这是他们的全部。

理发店的电视正播放着近期某卫视的“科鲁兹欢乐男生”的宣传广告，电视下王小帅聚精会神地给客人修剪着头发。

“我想剪一个齐头帘儿，齐头帘儿你知道吧？就是等齐大刘海，就是明星们老说的那种‘BOBO’头，我不要哈日那种到发际那么短的，要欧化感的，欧化感的，懂吧？因为我的脸型有点儿椭圆，所以你给我剪到盖上眉毛一点儿，就可以了，这样做出来的刘海儿才会使头发显得轻盈，也让我显得俏丽一点儿。”老顾客韩明坐在椅子上，一边对着镜子一边给自己设计发型。

韩明是为数不多40岁以下会到这里来理发的人，只是王小帅到现在为止也弄不清这个韩明到底是男的还是女的，长得五大三粗，却时常穿着豹纹连衣裙，凸出的喉结，说话却柔声细语，偶尔还发嗲，粗壮的大腿时常穿着黑丝袜，偶尔穿过一次渔网袜，细长浓厚的腿毛从丝袜的漏洞处滋出来，更为奇特的是不知道他从哪里买到的那双超大高跟儿鞋。

王小帅也从来不问，他现在早已过了对什么事情都好奇的年纪了，客人来客人走，他不多说，始终微笑面对，这也是韩明愿意来他这里理发的原因之一，因为王小帅从来不会带着异样的眼神，去旁敲侧击地追问他是男是女。

此时的王小帅早已剪去多年的中长发，取而代之的是打理更为简单的寸头，他的鬓角有些白丝，前额也有些谢顶，当年那个梳着大分头一边热舞一边让头发在空中飘舞的王小帅已随着光阴留在了很久以前，如今只是一个对着谁都腼腆微笑的理发师老王。

“老王，从专业的角度来看，你觉得我留那个齐头帘儿好看吗？”韩明问道。

“哦，挺好的，显得可爱俏皮，也显得年轻好多。”

“真的？”

“对。”

“那你一定要给我好好弄弄，我过几天还要去酒吧驻唱呢，说不定台下坐着哪个圈里的人，一眼就看中我的潜力，带我进娱乐圈呢。我要是腕儿了，我就请你当我的助理，走到哪儿带到哪儿，你人稳重还能设计发型，挺好的，哦，对了，我上次听你们家郝芳说，你以前特爱跳舞，跳得特别棒，还考过艺校，是吗？”

王小帅的手哆嗦一下，一抹悲伤从脸上滑过：“咳，那是很久以前的事情了，现在早也跳不动了，老胳膊老腿的还折腾什么啊。”

“可惜可惜，不过你看现在那些明星小孩儿们，一个个跟人精儿似的，那歌儿唱得跟乌鸦鼓噪一样，就是模样靓跳舞好，一上台就跟人来疯似的，弄个短裙儿到大腿根儿，内裤还若隐若现地露露，跟谁都装，到处耍鸡贼，跟歌迷装高尚清纯，跟老板装性感风骚，这不也混得挺好，乱七八糟，什么世道啊！像咱们这样的，你跳舞真好，我唱歌真棒，愣是没人答理，你说……别说了，说都没法儿说，生不逢时吧。”

“你唱得挺好的，我跳得不好，小时候就是跟风追星，起哄玩儿。”说实话，王小帅也从未听过韩明唱歌。

王小帅忽然觉得韩明挺可悲的，一把岁数了还怀揣着这样不切实际的梦想，不男不女地活在每个人的笑柄中，活得狼狈不堪还处处自以为是。

王小帅很想告诉韩明，自己曾经也有过梦想，但想想还是没说出口，至少韩明还有梦想，自己的梦想与热情却早已消失殆尽。

_03

肖大宝一直在医院陪着，把自己身上的钱全都给垫付医药费了，又从卡里取出五千多块钱给了韩福国的家属，此时老人也脱离了危险期，就剩下静养了。家属们的气也消了，肖大宝如释重负，一直忙着赔不是，逢人就点头哈腰地说对不起，弄得韩福国的大儿子和二女儿比肖大宝还不好意思了，也给肖大宝赔起不是来，从医院出来的时候已是乌云重重的黑夜，无星无月。

他疲惫地坐在自己车里，想想今天发生的一切，无奈一笑，一分钱没赚到还赔了好几千，好在老爷子没事了，要不然他就真得捐眼角膜换钱赔偿了。

车子缓缓发动，一个拐弯便进入了四环主道，随着夜色下的车流缓慢开着，他又拿起电话打给韩福国的大儿子："哎，哥，老爷子精神还好吧，没事了吧……咳，我没事我没事，我都觉得你们打轻了，我都觉得自己挺操蛋的……别跟我客气了哥，我没事，真没事，不用看，皮糙肉厚的不算什么，老爷子没事就成，你说今天这事儿被我弄的，都赖我赖我……哎哟，谢谢您，我本来也就想活跃一下气氛，弄得热热闹闹的，谢谢您的理解，理解万岁，您好好照顾老爷子，钱不够了您随时打电话，哎，哎，好嘞，好嘞，改天我上门拜访您跟老爷子去，当面再赔个不是，哎，好嘞，好嘞，拜拜，拜拜。"

挂了电话，肖大宝觉得内心安稳了一些，今晚他不打算回家，现在还没有单独住房的他还是和父母一起住，他怕脸上挂的伤痕回去会引起父母的操心，活了三十多年，还给父母添乱添堵，他想想都挺臊得慌的。

肖大宝慢悠悠地开着车，漫无目的地行驶，车里反光镜上挂着的那一把吉他摆件正随着车轻轻摇摆着，他时常觉得这就像是他的生活，晃晃悠悠，起起落落。透过车窗，夜色下的北京一派繁荣喧嚣，私家车、出租车、自行车，穿梭在城市之间，下班的人们涌在车站等待公交车，高楼大厦流光溢彩、姹紫嫣红的灯光从肖大宝脸上不断滑过，让他忽然觉得生活有些光怪陆离，他想起他的大学生涯，那些外地同学都很羡慕自己生在北京、长在北京、活在北京，在他们眼中，那皇城根下的城市像是一个天堂，每个人在这里都可以富足愉悦地活着，生不住经济适用房，死不埋经济适用墓，人们不会再有痛苦，只有无尽的快乐充斥着，永不更改的现在进行时……

肖大宝也曾这样想过，但这几年疲惫的生活让他觉得北京这座城市就像海市蜃楼一样美丽而虚幻，有些人纸醉金迷，有些人苟延残喘，有些人憧憬明天，有些人穷途末路，而你永远都在其中，却永远不知道怎样定义北京的生活，你只有陪着这座城市，看着她越来越繁华，然后上演哭、笑、悲、喜的一年一日，久而久之，你觉得一切美好都像是一个泡沫，随时都会破碎。

“70个大中城市房屋销售价格同比上涨8.9%，其中新建商品住房销售价格同比上涨10%……”肖大宝打开了车里的收音机。

“一个破窝儿，都是金砖儿建的房子……”肖大宝无奈想到，不结婚不代表他从未想过，只是这么一个现实问题摆在面前如山一般压抑着他，而他也不想做愚公，世世代代操劳，究其一生最后吐血而终，也未见能得到什么。无望得到的东西，肖大宝也失去了兴趣，用所谓得过且过的态度、人模狗样地四处晃悠着。

收音机继续播放着新闻：“中国国内生产总值为335353亿元，比上年增长8.7%……”

“全国应届毕业生的数量达到了610万，加上去年还没有就业的，合计有710万大学生需要就业……”

“‘嫦娥一号’卫星在精确控制下，今天下午成功撞击月球撞击点……”

“拆迁户自焚事件三……”

肖大宝的生活已经极其简单了，不泡夜店，不玩夜吧，不四处骗打炮儿，不四处假牛逼，当然也没有更多的钱来供他玩这些奢侈的游戏，他每天都通过广播来知道除自己以外，世间一切都在变化着，但好坏都与他无关。

“美国著名流行歌星迈克尔·杰克逊于当地时间25号，因心脏病发作，在洛杉矶的一家医院去世。迈克尔·杰克逊当天下午因心脏病发作，深度昏迷，被送入洛杉矶加州大学医疗中心……”

这个消息就像李寻欢的那把飞刀，例无虚发地插进肖大宝的心脏，他以前的偶像不是迈克尔·杰克逊，但自从和王小帅成为朋友之后，他也慢慢爱上了迈克尔·杰克逊。

“咣”的一声，车的一个震颤把肖大宝拉回现实。

追尾了。

……

不仅仅是广播，电视上也在播放着迈克尔·杰克逊死亡的这个话题：

“大批歌迷前往医院和迈克尔·杰克逊的住所，以及好莱坞星光大道进行各种悼念活动。迈克尔·杰克逊的演艺生涯横跨40年，专辑售出7.5亿张，他的巅峰之作《颤栗》被吉尼斯世界纪录认证为世界销量第一……”

王小帅目不转睛地看着电视，手却机械本能地剪着头发。

这个世界瞬间坍塌，没有轰隆一声，只有一片静谧。

韩明聚精会神地看着镜子里的自己，幻想着齐头帘儿后的自己应该是个什么样子的人，但他发现王小帅的剪刀失去了往日的灵性，正沿着一个轨迹剪掉他的头发。

“哎呀！你剪的这是什么头啊？你开的什么狗屁店啊？”

韩明声嘶力竭地怒吼着。

_04

韩明怒了，像是发情却未得到欢爱的母狮子一样怒了，店内的桌子、柜子全被韩明掀翻，那些洗发液、护发液、焗油膏噼里啪啦地撒落一地。

“王小帅，我操你妈！”这句话让人意识到韩明还是一个男人。

王小帅表情木然地看着韩明，他没有制止，没有解释，只是静静看着韩明在店内宣泄，看着韩明指着鼻子骂自己全家，看着韩明抓狂地毁灭一切。这一瞬间，他觉得什么都不重要，这个他和老婆郝芳辛辛苦苦维持的店，这个代表着他们一切的店，就在他眼皮底下任凭别人无情地肆虐着，从始至终，他安静得像一个过客，他甚至企盼韩明尽快发泄完，然后让他一个人安静站在这里。

韩明走了，房内一片凌乱，王小帅怔怔地站在那里，默默看着一切。他慢慢蹲下去，一件件拣起那些还没被踩坏的东西，这个时候他才感觉到痛，心脏像是破碎的冰面，一个个小缺口相继蔓延破碎，一股巨大的悲伤像破冰怒涌的潮水般澎湃袭来，一切都让他来不及喘息，那巨大的疼痛让他身体开始颤抖，他想大声哭出来，却艰涩地张不开嘴。

他双眼一片湿润，久违的泪水在眼眶中打转，王小帅极力压抑着，他很久没哭了，他认为眼泪那玩意儿不再属于这个岁数的他。

“你死就死，你就不能找一个悄无人烟的地儿死？你活的时候就够热闹的了，你死的时候就不能安静会儿？你就非要让全世界都知道你死了？”王小帅忽然暴躁地吼了起来。

他一直以为，那些曾经的梦早被无数清晨的尿憋醒了，那些曾经的梦也都留给了当年那个中长发的舞蹈少年，而那个穿着华丽衣服的白肤色的美国人，他很多年没有关注过了；他也一直以为，他现在活得不悲不喜，平静如水，从小到大身边的朋友如大浪淘沙，仅留下一个肖大宝，这让他时常觉得人生就像是火车，到了某个站台总会有些人走、有些人来，这么多年安静的生活让他觉得自己早已不会再为了什么而开怀大笑，也不会再为了什么而黯然落泪；他也一直以为，自己早已把自己收拾得干干净净，该忘却的忘却了，该埋藏的埋藏了，该破灭的破灭了。

但他从未意识到，内心某些他认为早已忘记的东西，无时无刻如刺客一般隐藏，在虚弱的时候却突如其来给自己致命一击。

往事一泻如往，回忆的闸门在这一刻被汹涌打开，那在校园跳舞时马玲注视他的眼神，那画在练习本上的舞蹈动作，那对着镜子穿着内裤跳舞的时光，那仗着迈克尔·杰克逊舞解救肖大宝的夕阳，那些王小帅自认为记不起来的画面，一幕幕浮现。

往事就如同鹅毛大雪，漫天降下，而王小帅就如同一个光着膀子的漫步者站在某个路口，雪片落在他的身上，那透骨的凉意让他不寒而栗。

“推个油多少钱？”一个猥琐的男人忽然站在门口，龇着龅牙腼腆地问道。

王小帅抬头看着门口那个猥琐的男人，一滴，两滴，三滴，眼泪像初春的雨水，无声无息地滑落在那张有些苍老的脸庞。

老男孩也有属于青春的泪水。

_05

肖大宝觉得这一天似乎把一年的背运都走了一遍，主持婚庆差点儿玩死一个老爷子，挨了一顿打，还得处处装孙子，求爷爷告奶奶地赔不是、赔钱，晚上又听到自己的偶像迈克尔·杰克逊离世的消息，这还没完，自己开车还追上了前车屁股，他抬头一看，就看到了前车屁股上一个大大的标志，他知道那标志是什么意思——奔驰。

肖大宝赶紧下车，衣衫凌乱、脸上挂彩地站在那里，他一边懊恼一边挠着脑袋，心里不断盘算又要赔多少钱。为了省钱，他早已给自己的这辆破车断了全险的业务，所有费用都要自己来出，他甚至想如果赔偿数额超过一万，就准备把这辆车送给对方，再不行，总不至于把自己的肾摘出来一个吧。

奔驰车上下来一个男人，一脸横肉，正用那带着戾气的三角眼上下打量着被小奥拓追尾的大奔驰，然后晃悠着彪悍身材走向肖大宝，肖大宝脑海中第一时间闪现出抗日电影里面鬼子的坦克缓缓开来的画面。

“哥，怪我，都是我，我错了，我没注意，对不起对不起。”肖大宝抢先赔礼道歉。

彪悍男瞪着肖大宝："你丫干吗呢？会不会开车？开一个破逼奥拓，你丫不知道怎么美了吧？"

"大哥，别激动，咱好好说话，我错了，都是我的错，对不起。"肖大宝赔笑又赔礼。

"对不起就完了？你知道这车多少钱吗？"说完，彪悍男推了一下肖大宝，"你丫给我赔，赔不起我血筋给你拔出来。"

"今儿这一天我他妈出门没看黄历！这三环大晚上堵车，堵车就他妈安静堵着，我操，又被撞了，我真想……唉，得了，我也别跟你嚷了，要不然你又给我玩一出寻死觅活的，我受不了，那什么，媳妇，你坐着，别下去了，我下车看看哪个傻逼这么不开眼，我得找一发泄的地儿去。"包小白坐在后座上，跟身边的女人抱怨。

女人穿着晚礼服，精致的五官在妆下显得更如画一般美丽，女人笑了笑："别把事弄大了，让丫该赔钱赔钱，别打人，赶紧完事赶紧走，新闻发布会还等着呢。"

如果肖大宝可以看到，那么他一定可以认出来，这女人就是他魂牵梦萦在心里一直甩不开的影子——马玲。

"有本儿吗？有，赶紧拿出来，听见没有，驾驶本，驾驶本，赶紧拿出来，快点儿。"彪悍男咄咄逼人地跟肖大宝要驾驶本。

肖大宝从皱皱巴巴的钱包里掏出驾驶证递了过去。

彪悍男看看驾驶证又看看肖大宝："这他妈是你吗？你儿子吧？"

"是我，是我，我前几年照的，现在老了，老了，皱纹多了。"肖大宝赶紧解释，一边笑着一边指着眼角的皱纹。

包小白推开车门走了过来，彪悍男毕恭毕敬地说道：“包总，您看他把咱这车给弄的，就这傻逼干的，这是他驾驶证。”

包小白接过驾驶证，看了一眼名字就怔住了，肖大宝？包小白又透过墨镜仔细盯着眼前这个狼狈不堪的男人，然后试探性地叫了一句：“宝哥？”

“啊？”肖大宝也怔住了，这个名字很多年没有人提起过了。

包小白摘下了墨镜，把帽子又往上推推：“看看，看看，想没想起来？”

“包子！”

“宝哥！”

肖大宝拍着包子的肩膀有些欷歔，大学后就很少见到的朋友包子，就这么忽然之间出现在眼前，随之而来的就是他们曾经在一起的点点滴滴：“哎哟喂，混得真不错啊！包子。”

“好多年可没见着你了，宝哥。”包小白也笑着感慨。

马玲通过反光镜看着后面的情况，自己的老公气势汹汹地下车，却和肇事者嘻嘻哈哈地谈笑着。

“怎么样，宝哥，现在混什么呢？这一身打扮怎么个意思？现在流行这个？”包小白调侃着肖大宝。

“别提了别提了，一说这个就他妈想哭，现在也没混什么，瞎混，这些年混得一塌糊涂，越混越惨，要钱没钱，要媳妇没媳妇，就这么一个光杆司令，天天晃悠。你呢，看架势可不一般啊！成功人士啊！”

“我呀，也瞎混，现在在电视台包了几个栏目。”包小白掏出一张名片递给肖大宝，“什么成功人士，瞎扯淡，无非也就混口饭吃。”

“制片人……”肖大宝看着名片，自言自语。

“宝哥，咱别跟这儿聊了，我现在赶着开会，有时间聊，电话联系。”说完包小白便转身对彪悍男说道，“咱走吧。”

“包总，那，咱这车？”彪悍男问道。

包小白笑了笑，把驾驶证还给肖大宝：“都是自己人，宝哥，走了啊，电话联系。”

说完包小白转身就走了，忽然他眼神闪过一丝戾气，然后满脸堆笑地又转身对肖大宝说：“哎，对了，我记得你唱歌特好，是吧？”

“还行，不过早就不唱了。”

“哎，我跟你说，你不如来我们这个节目，我们这节目叫‘欢乐男生’，听说过吧？”

“听过听过，这两年不是一直办着吗，捧红了一大群人了。”

包小白指着肖大宝，然后对旁边的彪悍男说道：“是不是，是不是特适合我们这个节目？这就是我常跟你们说的，草根的感觉，你看，多草根。”

说完，包小白伸手一边揪着肖大宝的脸又扒拉肖大宝的头，一边继续说：“瞧瞧，瞧瞧，多草根，土包子似的。”

肖大宝的笑容慢慢消失，他有一股无名怒火，但他压抑住了。今非昔比，现在的包小白早已不是当年追在自己屁股后边、想骂就骂、想打就打的那个包子了，而自己也不是当年那个在学校里风风光光、嚣张跋扈的肖大宝了。

包小白还在继续对着彪悍男讲："你说再把他从一男的扮成一女的，他是不是马上成为话题人物？肯定得火啊？弄不好就是一男版芙蓉姐姐，再不成也是跟凤姐齐名的宝哥啊！"

彪悍男点头哈腰，连连称是，他不明白老板为什么和他说关于节目的事情。

"行了，不说了，宝哥，我们先撤啦，赶时间，电话联系。"说完，包小白便转身走了。

肖大宝看着包小白的背影，内心有一种失落，多年的老朋友不见，不该是这个局面，肖大宝有些莫名其妙地悲愤，但依然举起手和远去的包小白打招呼。

"老公，那人你认识啊？嘻嘻哈哈，你们说什么呢？赔钱了吗？"包小白刚关上车门，马玲便问道。

"不认识啊？这傻逼谁认识啊？赔什么钱，一穷孙儿，犯不着跟这种人较劲儿，咱走吧，快晚了。"

"老板，那不是你朋……"彪悍男犹豫地问道。

"开车！"包小白打断了彪悍男。

三环此时不再堵车了，奔驰拖着一个烂尾的屁股，远远消失了。

肖大宝靠在奥拓上，默默抽着烟，手里反复看着那张包小白的名片，他心里有一股难以名状的酸楚，他不知怎么去形容这感觉，有些失落、有些无奈、有些平静、有些不甘。

掐灭了烟头，肖大宝回到车内，无论怎么打马达，车子却没有任何反应。

“操！”肖大宝愤恨地拍了一下方向盘。

他打开双闪，然后走下车，又在离车不远处支起三脚架，然后有些疲惫地坐在马路边上，点上一支烟，之后双眼有些迷离地看着眼前的车来车往，每一辆车都有行驶的方向和最终到达的终点，肖大宝忽然有些流离失所地悲伤，他不知道自己的方向在哪里，也不知道哪里是属于自己的终点。

_06

肖大宝就这样坐在路边的紧急车道等待着救援，七八个烟头在脚下凌乱地摆着，他此刻想起了很多人，那一张张稚嫩且带着无邪笑容的脸庞一一浮现眼前，那些镜头大片大片地从眼角滑过，王小帅跳着舞、包子一脸坏笑、马玲孤傲的眼神、郝芳面对王小帅的羞涩腼腆、张建国那宽大的眼镜、李大海那肥硕的屁股……

他们一起长大，一起畅想未来，一起热泪盈眶，长大后，命运的迷宫让他们背道而驰，最终渐行渐远。再相聚，那仅有的回忆，也被现实压缩，直到压榨为无。

人一生要走很多路，遇很多人，形形色色，匆匆忙忙，或擦肩而过或短暂驻留，总之就是这样，谁又可以为谁永远停下？谁又可以和谁永远并肩？

此刻，肖大宝忽然觉得那些人只是生命中的过客，为那短暂却又漫长的生命添加几抹色彩，他抬头看着眼前的车水马龙，看着这座城市春夏秋冬里一成不变的繁华喧嚣，然后他又抬头看着这个城市远方的灯火，迷蒙耀眼而又遥远陌生，不知道在哪个方向，会有那么一个房产证上写着“肖大宝”的窝儿，也不知道在哪个空间，会有那么一个女人一边抱怨他经常不着家一边细心地做他爱吃的菜，他甚至悲哀地想如果自己死了，忽然有一个角落传来一首挽歌，有那么一群人在悲伤地唱着，那会不会是为自己而唱？

_07

婚庆主持的生意总是那么不稳定，一年四季好日子无非那么几天，剩下的时光肖大宝便四处游荡，婚礼、葬礼、某单位的联欢会以及庆典，无论什么场合的主持，能接就接，给钱就去，没活儿的日子也多半颓在家里看盗版电影，实在百无聊赖，就去找找王小帅，喝喝闷酒、扯扯淡，更多的时间他则安静地躺在床上，一睡一天。偶尔收拾屋子，总能看到床底有一把被灰尘与蜘蛛网覆盖的吉他，很多次他都想拿出来，擦拭一下，但最终懒得清理，那把吉他，总能勾起很多他不想回忆的东西，他有些抗拒。

但有一天，他还是把吉他从床底下掏了出来，擦拭着灰尘，肖大宝又弹了几下，毫无感觉，手搭在那一根根琴弦上，有些陌生。

偶尔，他也会想起李芳，想起那些誓言，最后得出一个结论：誓言如同风中的烛光，轻易就在风中飘散，这是他三十多年，仅有的生活经验之一，却不值钱。

肖大宝有写日记的习惯，他会在一段时间后把最近的生活状态和那些不值钱的感受一并写在电脑文档上，他的时间也是如此计算，关闭文档的瞬间，一个月，两个月，甚至更长的光阴，就这么结束了，简单而又无聊。

车被拿去修了，肖大宝老老实实地在家里憋着，最近几天总是心事重重，时常失眠，时常闹心地拿起包小白的名片，他看了无数次，也时常上网搜寻关于"欢乐男生"的新闻，他也看了无数次。

他感觉内心一片空白，忽然这几天，有一个由"欢乐男生"四个字演化的火折子，在他的内心点起一股黑色火焰，无时无刻不小心翼翼地燃烧着，这让他情绪变得暴躁，他试图让这黑色火焰燃烧得更旺，他也试图浇熄这黑色火焰，反反复复折腾着。

一周之后，车被修好了，肖大宝从家里老爷子那儿借了三千块钱交维修费，他坚持写借据，这样才不会让他不好意思去接这钱。

把车从修理厂开回家后，生活一如往常。

忽然有一天深夜，他决定去找王小帅，他想要一个答案，出门的时候他看了一眼表，北京时间半夜一点半，他表情有些决绝，然后下楼发动了奥拓，迅速消失在茫茫夜色之间。

_08

环路的深夜，依旧喧嚣，一如这座城市。

慕容雪村说，夜色下的成都是温柔的，而肖大宝觉得夜色下的北京是诱惑的，笙歌漫天，华灯闪耀，勾引着每个人深藏在衣冠下的那一颗颗蠢蠢欲动的心，而那城市上空的一抹抹黑像随时腐蚀人心的化学剂品。

肖大宝开着上次和包子那辆大奔追尾之后刚修好的奥拓，缓缓行驶在三环主道上。奥拓岁数确实大了，如同老人一样，每一次他修车之后，奥拓的速度都会下降5—10迈，他时常想，这奥拓会不会有一天可以和坐轮椅的老人一边聊天，一边把油门踩到底地行驶呢？

但他依然自认为奥拓很好，因为奥拓从不给交管部门超速被罚的机会，最快只能开到70，如果超过80，那么车随时都有变形的效果，肖大宝也渴望Q7和宝马，但他知道，那只是一个梦，如同小时候那很多梦一样，遥不可及，不能实现。

肖大宝的梦想现在还有很多，和小时候一样多，唯一不同的是，现在他已经不打算实现什么了，让梦想渐渐变成梦中所想。

肖大宝默默看着车里反光镜上挂着的那把吉他摆件，正随车轻轻摇摆着，这就像他的生活，晃晃悠悠，起起落落，要不是准备参加包子组织的那个“欢乐男生”的比赛，他的吉他或许还在床底下静静躺着，肖大宝也怀疑王小帅再跳起迈克尔·杰克逊的舞会不会扯到蛋。

上学的时候，他总在夕阳下弹吉他，唱流行的爱情歌曲，王小帅在旁边一手摸着裆，一手摸着头，舞动着。那时，他们生活中都有很多不如意的地方，但依然很开心，因为他们还有那遥不可及却又充满诱惑的未知未来，但未来因岁月的流逝而悄然来临的时候，肖大宝却从未想过自己的未来是如此平淡无奇，没有壮观的涨潮，也没有细小的涟漪，犹如一潭死海，甚至上学的时候他曾和王小帅说过，自己的墓志铭上要写“生得壮观，死得牛逼”，看来只能改成“生得多余，死得自然”了。

肖大宝大学毕业前从未想过走上这个社会他会如此疲惫，也从未想过这个社会是以经济市场为主导的战场，这个战场，时而灯红酒绿、夜夜笙歌，时而温存如故、一片温馨，时而战马嘶鸣、西风猎猎，总之，这个社会总在每个黑暗中让一些人的灵魂随着乐曲扭曲着、变幻着，所过之地散发着腐臭的味道。

车里放着一首很老很老的歌曲，老到现在90后的小孩子根本不知道的歌曲：

天地悠悠，过客匆匆，潮起又潮落

恩恩怨怨，生死白头，几人能看透

红尘呀滚滚，痴痴呀情深，聚散终有时

留一半清醒，留一半醉，至少梦里有你追随

我拿青春赌明天

你用真情换此生

岁月不知人间多少的忧伤

何不潇洒走一回

……

肖大宝自嘲地笑了笑：你还有青春可以拿来赌明天吗？

说完，肖大宝把CD关上了，车内一片沉默。不时有车从奥拓身边疾驰而过，消失在远方，融于黑暗。

此刻，他想起了那次学校演出，他和王小帅拼命排练，却换来一次意外的断电，似乎从那个时候起，他们的梦想也断了电，青春也戛然而止。

如果不是因为撞车而巧遇包子，那么肖大宝学生时代的朋友就只有王小帅了。人总是有着太多理由不联系，时间久了，这份惦念也就淡了，大家散了，各回各家，再次碰到，打声招呼之后擦肩而去，然后再独自仔细回忆这哥们儿的名字。

但就是因为遇见了包子，肖大宝埋藏在内心深处那久违的豪情也油然而生，他想去参加“欢乐男生”比赛，他想继续表演当年在学校那个没能演出的节目，那是他和王小帅的一个心结，他们从不提起，但每个人的心中都掩藏着那份深深的遗憾。

肖大宝最近每天夜里都四仰八叉地躺在床上，变换着各种姿势，却依然翻来覆去地睡不着。他犹豫，难以抉择，他不知道参加这个节目对他而言有什么实际意义，不能改变生活，不能发生翻天覆地的变化，为的只是续上当初那未尽的梦，这一切，值吗？

上学时候，他嚣张蛮横，堂而皇之地和这个世界作对，那时他最喜欢的就是北岛的那首诗：**告诉你吧，世界，我不相信，纵使你脚下有一千名挑战者，那就把我算作第一千零一名！**

而如今，三十多的他变得胆小了，知道疼了，也知道什么叫做怕了，所以他权衡不出这件事情到底是值还是不值得。

连夜开车，他要去找王小帅，他忘了明天自己的工作，为一对新人主持婚礼，他现在想的只是赶紧从王小帅那里得到勇气或者彻底放弃。

梦想，只不过是年轻人的产物，出现在无数夜间，当你离梦想越近的时候，你就越看不清楚，你时常在梦里凝视着它，为它而哭，为它而笑，为它努力，为它奋斗，直到所有的梦都醒来的那一天，你才发现梦想不过是一个屁，响过，臭过，终究消散。

_09

月光穿过厚重的云层，孤寂的清晖洒落在这座城市，人间像被洗过一般，处处光滑如水，几只夜鸟从圆月下穿越而过，从一座城市到另一座城市。

王小帅的家在二环外的一个胡同，这房子不大，是家里老爷子唯一能给他的东西，房子小到让他老婆郝芳这个二百斤的女人时常觉得压抑。

但王小帅很知足，因为这个又胖又难看又傻乎乎而且睡觉鼾声如雷让他时常梦到地震海啸的女人是如此的善良与温柔，尽管她脾气也不算好，但对王小帅是十足的好，哪怕自己受了委屈也要让他多舒心一点儿，而且郝芳从不去羡慕别人住楼房、开豪车的生活，所以王小帅尽管日子过得淡如白开水却从未感到压力。

而郝芳也做到了已为人妻所有该尽的义务，只以王小帅为中心生活，没有任何社交，渐渐断了很多朋友，包括上学时候和她亲密无间的马玲——那个人见人爱的漂亮女孩，那个让肖大宝和王小帅都为之打过架、伤过心的女人。

王小帅最近很悲观，他的偶像迈克尔·杰克逊突然去世了，王小帅忽然觉得内心的某种信仰随之倒塌。为此，他的理发店好几天没有开门了，郝芳没有责备他，一如既往地做饭、洗碗、看电视、睡觉、打呼噜。

对那个时代的人而言，迈克尔·杰克逊并不只是一个歌手，而是一种心灵信仰，尽管迈克尔·杰克逊活着的时候从来都不知道在北京有王小帅这么一号人。

迈克尔·杰克逊死了，王小帅极不情愿地承认了属于自己这代人的一个时代已经过去了，关于那个时代所发生的一切记忆，那些红砖建筑的学校，那些穿校服做广播体操的场面，那些在草稿纸上画舞步的时刻，那些在心爱女孩面前拼命跳舞的画面，那些和肖大宝一起又唱又跳的岁月，那份偷偷喝酒、抽烟、看黄片又怕被家长逮住的忐忑，都如同决堤的海水一般，汹涌席卷而来，在他面前如同电影一幕幕、一段段地上演，让他跟着傻笑不止，又跟着泪流满面。

他最近时常拷问自己：曾拼了命相信的东西都是真的吗？在这个物欲横流、四处腐臭浓浓的城市，谁可以为自己的青春作一个见证？无数人有无数个梦想，灯火阑珊中，谁得到了自己当初想要得到的东西？谁又实现了自己当初那辉煌伟大的梦想？

王小帅从小世界观就有些悲观，他已经三十多岁，奔四张儿的人了，不惑之年呼之欲出，他总觉得三十岁之前没有成就，没找到一条通往成功的路，那么就该安分守己，不闹事，不出幺蛾子，身体健康地混在每一天，直到生命指针跑完最后一秒，然后把一生的回忆与遗憾打包，统统带走，和这个世界一笔勾销。

除去睡眠，人一生只能活一万多天，王小帅觉得自己和别人不一样的地方就是，别人是活了一万多天，而自己却只是活了一天，重复了一万多次。

肖大宝打来电话的时候，王小帅正从床底下拿出那些迈克尔·杰克逊的海报准备撕了、烧了。电话里他知道了关于包子混成制片人以及"欢乐男生"的事情，他嘴角抽搐了一下，然后放下了那些海报，掸去海报上的尘土，又放回了床底。

"王小帅，你说肖大宝是不是晚上吃多了撑的？这都他妈几点了？折腾不折腾，什么事儿还得深更半夜地面谈啊？挣命吗，不是？"郝芳躺在床上一边扇着扇子一边抱怨道。

"没事儿。"王小帅简单回答。

"没事儿就他妈睡觉，给丫打电话告诉他别来了，开着那辆浪逼车回去。"郝芳没好气地继续说道。

"你睡你的吧，我们聊我们的。"王小帅起身去冰箱看看有什么可吃的东西，准备和肖大宝一边聊一边喝一顿。

两个人因为一个女人而结仇，肖大宝又当着很多女同学的面扒过他的裤子，后来两个人却因为音乐而结交，他们各属于对方一生的朋友。只是步入社会之后，每个人都在忙着自己的生活，相聚的时间跨度越来越长。

“别他妈找了，所有吃的都没有了！”郝芳吼道。

王小帅打开冰箱，只有两袋榨菜和几根黄瓜，他把黄瓜和榨菜拿了出来，又从厨房拿出一瓶二锅头。

“冰箱底下冷冻那儿还有二斤涮羊肉，大夏天儿的不嫌热就去吃，最好吃得你们都上火死了，就他妈全消停了。”郝芳翻了个身嘟囔道。

王小帅会心一笑，再去冰箱拿出涮羊肉，并拿出锅子烧水。

_10

肖大宝进屋已是北京时间深夜两点半了。

“最近忙什么呢，也没个信儿，以为你死了呢。”王小帅一边给肖大宝倒酒，一边说道。

肖大宝掏出一支点八中南海：“瞎忙，穷忙，唉，你别说，那天主持婚礼出事了，我想活跃一下气氛，没想到那老爷子给抽过去了，差点儿没让家属把我给捶死那儿，你看我现在脸上还挂相呢，还没消肿呢，不过也算万幸，人家没和我死气白赖地计较，不然这事儿捅婚庆公司那儿去，我好不容易积攒起来的名誉就付诸东流了，我也就歇菜了，又得找工作去了。”

王小帅又给自己满了一杯：“我就一直纳闷了，你说你丫也会弹吉他，也懂五线谱，怎么老干那不着调、不靠谱的事儿呢？你还记得上学那时候，你给李胖子屁股底下塞图钉那事儿吗，那个图钉上面全是锈，李胖子那屁股感染的，看病住院歇了一个月。还有那次，你牛逼烘烘地拿着板砖要跟那跳霹雳舞的傻逼单挑，结果让人家打得跪那儿，跟孙子似的唱星星点灯。”

“哈哈哈……”一提起当年的壮举，肖大宝还是忍不住得意大笑，然后一激动站起身，摸着裆学当年王小帅的动作。

“吃饭就他妈吃饭，鬼哭狼嚎瞎折腾什么，让不让人睡觉了！”郝芳的河东狮吼又从里屋传出来。

“你受得了吗？”肖大宝悄悄问王小帅，然后冲里屋努了努嘴。

王小帅笑了笑：“对我真挺好的，刀子嘴豆腐心，习惯了。”

“你变了。”肖大宝忽然说道。

“你也是。”王小帅也说道。

说完，彼此沉默，肖大宝默默抽着烟，王小帅转着酒杯，看着包小白的那个名片，忽然觉得有些陌生：“包小白……那个牙长得跟五指山似的，从小就谢顶的那个？”

“什么话，什么话，人家现在是包总，包总。”肖大宝纠正道，然后掏出手机对着名片的电话号码拨出去。

“这么晚了，别打了。”

“没事，没事，他们那圈子的人都是夜游，一个个熬鹰似的。”

43号院，是工体旁一个老夜总会了，老板是一个已经过气的港台明星，这里聚集的也都是影视、文艺这几个圈子的老炮。

包小白和一群人喝多了，闹酒炸呢，包房内男男女女忘乎所以地闹着，包小白此时正对着一个二线女演员喋喋不休：“乐乐，听哥哥的，结婚，明儿就跟丫领证去，这样你就能提高知名度了，这圈子，不看僧面看佛面，都是熟人扎堆闹腻味，听哥哥的，领证去，结婚，结婚……”

包小白还继续说着呢，手机响了。

“喂？”

肖大宝炫耀地看了一眼王小帅，然后笑道：“包总，没打搅您休息吧？”

“你谁啊？”

“大宝，肖大宝。”

“哦，宝哥啊，有事吗？”

“那个，你说我要和老王去参加你们那个‘欢乐男生’，老王，就是王小帅，小时候老跳舞那个，你说我们俩弄一个组合，去玩一把，你觉得怎么样？就咱这关系，晋级没问题吧？”

“哦，这事儿啊，有戏，有戏，先报名，先报名再说，我这还有事儿，挂了啊，改天聊。”

“唉，好，好，好，那包总，您忙着，有时间请你吃饭，唉唉唉，得得，再见。”

挂了电话后，包小白喝了一口酒，嘴角挂起一丝讥讽的笑：“傻逼。”

肖大宝挂了电话，然后对着王小帅说道：“没骗你吧？怎么着，琢磨琢磨？”

王小帅欲言又止，然后什么也没说，继续吃涮羊肉。

“不是，大哥，你给点儿反应啊？”

“我想攒点儿钱去日本，去了日本，培训那么一段时间，回来之后我这牌子可就打响了，到时候那些小年轻的就都过来了，现在都是一群老头、老太太。”王小帅一边吃着涮羊肉，一边嘟囔着，没有回答肖大宝的问题。

“哦，挺，挺好的。”肖大宝也自觉没趣，不说话了，两个人眼神怔怔地看着碳锅里翻滚的开水。

“那事儿你觉得靠谱吗？”肖大宝憋不住了，打破了沉默。

王小帅看着肖大宝：“你觉得靠谱吗？”

“我觉得还成，包小白人家现在是那个‘欢乐男生’的制片人，他大拿，说谁就是谁，就凭咱这个关系，再不济也得前十吧。”肖大宝说道。

“进入前十又能怎么样？”王小帅问道。

肖大宝一下子激动起来：“只要进十强，五万块钱外加一辆科鲁兹，到时候咱们把这车也卖了，加上奖金所有钱半劈，也不少呢，对了，包子说只要进入全国前五强，就能巡演，都是大场子，到时候咱们就可以站在容纳几千人甚至上万人的舞台上，我弹着吉他，你跳着舞，多牛逼啊。”

“之后呢？”王小帅继续问道。

肖大宝张着嘴，想了半天词儿，他想说最后没准儿能成为明星，能进入娱乐圈，但是他觉得他们俩这个岁数了，好像还真不大可能，也只好闭嘴。

“咱们就抱着一个玩的心态去，顺不顺利之后你还是你的婚礼主持，我还是我的理发师，不是吗？生活还是生活，一切都不曾改变。”王小帅有些冷漠地说道，“可是就为了一个表演，我们豁出去老脸和一群小孩儿比赛去？那可是直播，输了的话咱这老脸挂得住吗？‘欢乐男生’，咱俩还好意思称男生吗？你见过俩大傻老爷们儿和一群小屁孩儿混吗？”

“老婆，烧饼好了吗？再弄点儿菜。”王小帅对着屋内的郝芳喊道。

郝芳从里屋出来，瞪了一眼肖大宝：“还他妈‘欢乐男生’呢，你们俩这老脸还怕不现呢？丢不丢人。”

“别啊，嫂子，这是好事，你得支持啊！”肖大宝嘟囔道。

“你他妈参加欢乐大爷，我支持你！”郝芳白了一眼肖大宝然后进了厨房，切了一些菜，热了几个烧饼端进来，把盘子重重摔在桌上之后又回里屋睡觉去了。

两个人又是一阵沉默。

“得了，喝酒吧，不说这些了，就当一乐儿说说笑笑过去算了，参不参加也就那么回事儿。”肖大宝假装释然，端起酒杯笑道，眼中掩饰不住一抹落寞。

王小帅犹豫了一下，之后也端起酒杯：“你少喝点儿，查酒驾呢，你进去我可没这马力捞你出来。”

“没事，我那车，酒驾不酒驾都跟牛一样，能出什么事儿。”说完，肖大宝狠狠喝了一大口。

从王小帅家出来的时候，东方天空已经出现一抹似有似无的白色，夜半凉风让肖大宝打了个哆嗦，他在一棵树下撒了泡尿，然后开车走了。

_11

肖大宝竟然平安无事地到了家，进门后倒头就沉沦在床上，那把破旧吉他就在枕边，肖大宝轻轻抚摸着吉他的弦，发出“嗞嗞嗡嗡”的声响，然后把吉他扔在了地上，翻个身开始沉睡。

肖大宝在沉睡中做了一个梦，在梦里，肖大宝梦到了马玲，那个梳着两个大辫子的姑娘，那个看都不看他一眼的姑娘，然后又梦到了自己拿着一把吉他在工体舞台上，所有聚光灯都聚焦在他身上，台下是没有尽头的掌声。

……

肖大宝走后，王小帅躺在了郝芳旁边，王小帅已经适应了郝芳的鼾声，但他却依然睡不着，翻来覆去，这张老床发出“吱吱”的声响。

王小帅起身下地，然后走到镜子前，看着镜子里的自己，瘦削的脸颊，鬓角微白的头发，发福的肚子。

王小帅缓缓抬起了腿，摇摇晃晃的，只能扶着桌子角才能稳定平衡，然后就像迈克尔·杰克逊一样潇洒地踢出了抬起的腿，然后开始跳起了迈克尔·杰克逊的舞……

郝芳悄悄转身，一边假装继续打呼噜，一边眯着眼睛看王小帅喘着粗气跳舞，一滴眼泪顺着脸庞滑落，她想起了当年上学的时候，王小帅那矫健的身姿、潇洒的动作、飘零的舞步，这一切都让她如痴如醉，为了让王小帅更好地跳舞，她还委托马玲送过他一张迈克尔·杰克逊的专辑，如今的王小帅，只是一个对谁都微笑的好人，老王。

王小帅还在跳着，尽管所有动作都还记得，但所有动作都已经严重跑偏，他累了，终于停了下来，蹲在地上，把头深深埋在膝盖里。

很久很久，当王小帅抬起头的时候，眼神中闪现出一丝决绝，于是他拿起了电话打给肖大宝……

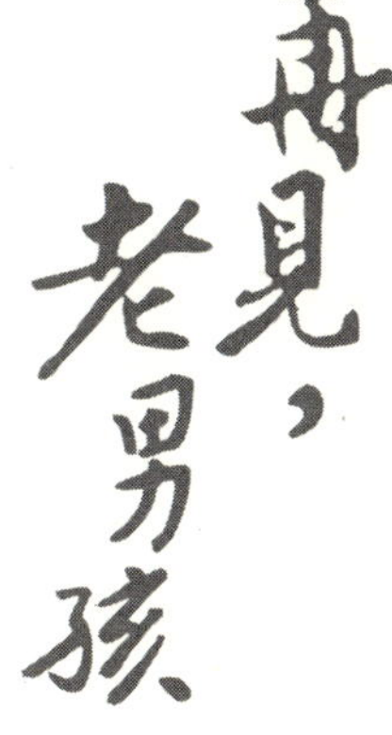

第五卷
散落天涯的人们

一切都是命运，是烟云；一切都是没有结局的开始，是稍纵即逝的追寻；一切欢乐都没有微笑，苦难都没有泪痕；一切交往都是初逢，往事都在梦中。一切希望都带着注释，信仰都带着呻吟。

_00

那是我们内心深处最不愿示人、最不可轻易触碰的角落，那里埋藏着很多非分之想，你可以称之为妄想，但我们更愿意称之为梦想。梦想和妄想在一定程度上是一样的，实现了就叫做梦想，那是值得尊敬的；未能实现就叫做妄想，那是十分可笑的。

_01

王小帅的理发店大门紧闭。

“哎，你说我刚才那个动作是不是应该开合再大一点儿，腿再抬高一点儿就好了？”王小帅一边复习着迈克尔·杰克逊的舞步，一边对肖大宝说道。

肖大宝低头给吉他校音："嗯，你现在太紧了，缩着身子跳，每一个动作都很滑稽，完全是为了搞笑啊，你应该舒展一下，把身子放开。还有，你肢体有点儿僵，咱不是跳机械舞，你弄得跟变形金刚似的，你见过变形金刚跳迈克尔·杰克逊舞吗？你想象一下就知道你什么样了。"

"有那么次吗，我再试试，放开点儿，放开点儿。"说完，王小帅一个空转，然后接一个单腿支撑，"哎哟，我操……"

王小帅摔了一个跟头，郝芳赶紧走了过来："这么大岁数，折腾什么折腾，老胳膊老腿的还玩花儿。"

"没事儿，只要别扯到蛋就没事，你们还没孩子呢，那玩意儿得保住了。"肖大宝在一旁幸灾乐祸地笑道。

"肖大宝，你他妈净说风凉话，要不是你大半夜的闹幺蛾子，非要拉着我们家老王跟你一起抽风，我们家老王这岁数何苦跟你瞎折腾啊？闪了腰、岔了气的谁管啊？还不是我管。要不是被你白活得参加什么'欢乐男生'，我们家理发店能一星期一星期地停业吗，吃谁喝谁去？再这么下去，明儿老娘就把你剔骨扒肉，炖了你这王八蛋。要不是觉得你们关系不错，架不住你一脸苦逼相，谁理你啊？你现在倒跟没事儿人一样，缺不缺德你。"郝芳对着肖大宝一阵怒吼。

"嫂子，嫂子，我的错，我的错，老王，行不行啊？我给你买红花油去。"说完肖大宝就放下吉他，出门开车买药去了，他惹不起郝芳，唯有暂避其锋芒。

"没事没事，扭了一下脚。"王小帅在郝芳的搀扶下站了起来。

“老公，你真的觉得值吗？耽误了生意，就为这么一个不靠谱的比赛，你觉得值吗？”

“没有什么值不值，就看你想不想，媳妇儿，我……我还是想站在舞台上，跳当年给你跳的那个舞。”

“别别别，这么煽情，我可告诉你，别当我不知道，当年你是给马玲跳的，你压根儿就没正眼看过我。”

王小帅一丝苦笑，当年苦苦暗恋的马玲，现在已不知在哪里，这么多年有了郝芳的陪伴，王小帅对于马玲的那份惦念也淡多了，偶尔回忆，仅仅感慨一下。

当黑发被时光染上几抹白色，当肌肤被岁月侵蚀得松弛，谁还在意很多年前的人或事呢？彼时青春如歌，唯有梦想无限造作，现在岁月如歌，仅剩声声叹息不止。那些念念不忘的人，那些信誓旦旦的话，谁还能记住几分？

就这样，王小帅由于脚扭伤，又休息了一个星期，这一星期，理发店也陪着关门，很多老客户都等不起了，纷纷另找地方理发。郝芳嘴里抱怨渐多，但内心并未真正埋怨王小帅，她是真爱王小帅，希望王小帅内心的那个多年的梦可以实现。

_02

“欢乐男生”的海选现场，人声鼎沸，络绎不绝，一群群90后的小孩儿唧唧喳喳地从王小帅和肖大宝眼前走过，他们面庞稚嫩，穿着另类，头发怪异，颜色花哨，在肖大宝他们眼中更像是一群杂交品种的展会。

而在一群小孩儿中，肖大宝和王小帅这两个另类也是他们关注的对象。

“哎，看见没有，这大叔大爷辈儿的都来了，这老脸好意思上吗？凑什么份子啊。”

“咳，海选就给毙了，走走过场呗。”

“是啊，什么岁数了，不在家哄孩子，跑出来起什么哄啊，我要到这岁数，我都不好意思扎人多的地方待着。”

“行了行了，艺术不分年龄高低贵贱，别那么损，反正也不是咱们的竞争对手，只当看笑话了。”

“这两人穿这身衣服真够逗的，动物园五十一套的西服，皱皱巴巴跟一土鳖似的，你看还一人一顶破帽子，你别说，看这架势是想模仿迈克尔·杰克逊了，跳得动吗，也不怕伤筋动骨，哈哈……”

……

“老王，你说刚才过去那小孩儿男的女的啊？怎么还穿着连衣裙和丝袜啊？”肖大宝盯着一个走过去的瘦高个儿背影问道。

“有胸吗？”

“好像没有。”

“那就是男的呗，‘欢乐男生’，女的谁来啊。”有了韩明的经验，王小帅倒是比较淡定。

“那也太妩媚了，这小身材婀娜多姿的，你说哪个流氓一不开眼再认错人，办事的时候发现两人一样，这多尴尬啊，怒火攻心，再一刀捅死他，多冤啊！唉，这时代变化也太快了，几年没怎么出门，就流行衣服混穿了？男不男，女不女的。”

“中性美，现在这叫中性美，哎，大宝，我怎么往这儿一坐那么别扭啊，那个成语叫什么叫什么，如坐针毡，对，如坐针毡，我现在就是，觉得全身上下哪儿都不自在。”

“我也有点儿那感觉，都让人给盯毛了，谁看我一眼我就内心一哆嗦，得了，来都来了，别顾虑那么多了。”

王小帅嘴里不住默念着放松放松，但身体还是轻微抖动着，他压力很大，没日没夜的训练仿佛回到了多年前的校园时光，他和肖大宝一起排练准备参加校内联欢会，十多年过去了，一切都已时过境迁。

肖大宝则在一旁整理自己的发型：“你说我把额头的头发弄成卷儿，像不像迈克尔·杰克逊啊？”

王小帅没理会肖大宝，忽然站起身就走。

“哎哎哎，快轮着咱们了，你干吗去啊？”肖大宝赶紧拽着王小帅。

“拉屎。”

“赶紧的，老驴上磨屎尿多。”

此时一些娱乐媒体的记者开始在人群中挑选一些帅气的小伙儿进行采访，一个记者累了坐在了肖大宝身边。

“哥们儿，哪台的？”记者问肖大宝，“没见过，生手吧？哥哥传授你点儿经验？你别看这群孩子倒腾得人五人六的，没几个能成名的，要么就是特另类，男扮女装或者特别变态的，要么就是偶像实力都具备的，剩下的你都甭看，呼啦呼啦的，怎么来的怎么回去，搞不好早他妈内定好了，所以说你要采访就专挑我说的这几种人，别人都别耽误那时间。”

此时旁边一个戴眼镜的阳光男孩正在接受采访：“很高兴能参加这次比赛，我在音乐上的追求，和凡·高在美术上的追求是一样的，执著而坚定，我愿意付出一切，包括生命……”

“瞧瞧，瞧瞧，现在这小孩儿，别管唱得怎么样，拿出来个儿顶个儿的狂，牛逼一吹吹一天，动不动就跟你说大义凛然的话，哎，我都腻味，对了，哥们儿，哪台的啊？你还没告诉我呢。”

“我，我是参赛的。”

“我操！”记者上下打量了一遍肖大宝，然后笑了，“逗我呢？”

“真的，你看。”说完肖大宝拿着参赛证举起来。

“哎哟，兄弟，真没看出来啊，这么大岁数贼心不死啊，还想着当明星呢？”记者的表情有些讽刺的意味，“哎，有没有孩子呢？不如重点培养孩子吧。”

“不是，什么叫贼心不死啊？也没规定参赛者岁数啊？”肖大宝有些不耐烦。

“得得得，别较劲儿，您排号吧，我忙去了，别把您那好不容易做的白日梦给弄醒了。”记者起身，拍拍屁股走了。

“别走啊，哥们儿，要不你也给我来一个采访？”肖大宝说道。

记者回头苦涩一笑，用手在脖子上比画了一个抹刀的动作：“那我这饭碗就砸了，加油吧，还没过青春期的老男孩。”

_03

半个多小时过去了，便秘的人也该回来了，肖大宝等得有些不耐烦了，拿起电话给王小帅打了过去。

王小帅躲在厕所里，紧张得呼吸开始急促，他内心一直暗示放松却无济于事，整个身体基本上都僵住了，就跟一根木头桩子似的在蹲坑里戳着。

此时肖大宝的电话打了过来。

王小帅不敢接，他死死攥着手机哆嗦着，他怕肖大宝告诉他比赛开始的消息，他害怕上台，害怕那几个以毒舌著称的评委，害怕摄像机对着自己录像，他害怕自己丢人，老脸挂不住。

“哇”一声，王小帅如同喝多了一般，吐了出来。

“您好，您所拨打的电话正在通话中。”王小帅把电话挂了。

肖大宝又接连打了几个，王小帅依然不接。

“我操，这么舍不得出来，拉金条呢？”

此时广播开始播报：“下一组，106号，筷子兄弟，请到比赛现场准备比赛。”

等不了了，肖大宝起身去厕所准备捞王小帅了，厕所内一片安静，肖大宝挨个儿推开大便池的门，除了一个看杂志的哥们儿以外，连王小帅一根毛都找不到。

“成事不足败事有余，回头再算账！”肖大宝狠狠骂了一句。

海选演出现场，三个评委老师坐在椅子上怔怔地看着肖大宝背着吉他。

“你怎么一个人来了？不是说一个组合吗？”

“妈了个逼的！”肖大宝小声地骂了一句王小帅。

尽管声音微小，但三个评委还是通过话筒听到这句脏话，面面相觑，不知道这哥们儿受什么刺激了。

“没事没事，他这就来，一分钟，不不，三十秒，我打一电话。”肖大宝掏出手机仍不放弃地给王小帅打电话，电话还是挂断的声音。

左边的评委失去了耐心，按了一下铃：“开始表演，不来算弃权，你不唱就换下一个。”

“好了好了，我唱我唱。”肖大宝把吉他抱在胸前，“我带来的歌曲是迈克尔·杰克逊的*Billie Jean*。”

这一瞬间，肖大宝恍惚回到了十多年前的那个校园，继续着那个他们未曾完成的演出，他右手放在吉他的琴弦上，当年那双灵性的双手再次焕发活力，熟练地在几个琴弦之间上下游走。

She was more like a beauty queen from a movie scene.

I said do not mind，but what do you mean I am the one.

………

Cause we dance on the floor in the round.

………

三个评委安静地听着肖大宝的歌曲，频频点头。

忽然不知从哪儿冒出来的一只手伸在三个评委视线内，紧接着是一个和演唱者年龄相仿、服饰相似的男人带着节奏的舞步缓缓映入眼帘。

王小帅终于不知从哪里冒了出来，肖大宝内心感到踏实了，更加卖力地唱。

王小帅在三个评委面前跳来跳去，动作虽然不似当年那么标准，但总体也有模有样了，他的眼神一改往日的颓废慵懒，变得坚定而炽热起来。

那个本该在十多年前的歌曲，那个本该在十多年前的舞蹈，如今转换个时空再次展现，光阴逝去，唯一不变的就是他们当年的那份热情，幸好还在，让老树焕发新芽。

马玲百无聊赖地坐在床上抽烟，把遥控器调来调去的：“你就别带我出去，然后一个人出去跟那些骚货鬼混吧。”

“看你这话说的，我有你形容得那么龌龊吗，就是她们犯骚我也得领情啊？我媳妇儿这么如花似玉的，我还伺候不过来呢，我还有时间扶贫去啊？”包小白一边对着镜子夹鼻毛一边说道。

马玲把台换到了“科鲁兹欢乐男生”的选秀直播，画面上肖大宝和王小帅正在卖力表演着。

马玲觉得这两个人很眼熟，她努力回忆：“哎，这，这，这不是那个肖大宝和王小帅吗？他们什么时候也上你们那节目了？你怎么不跟我说啊？”

包小白一怔，没想到那两人还真去参加了：“选手那么多，我哪儿记得过来啊。”

“你说你们上学那阵儿多好啊，跟一个人似的，有空一块儿吃饭，我也很久没见着他们了，大家一起坐坐，聊聊以前那些事，也挺不错的。”马玲有些激动地说道。

她憋在家里实在太无聊了，每天就是看看电视，上上网，要么就是逛逛商场，包小白一年有十一个月的晚上不在家陪她。她虽衣食无忧，却活得有些单调，这样守活寡的日子渐渐让她变成了一个锁在深宫的怨妇，脾气反复无常，情绪时常失控，动不动就和包小白吵架，一哭二闹三上吊的戏码时常上演。此时她看到了肖大宝和王小帅，那些她一直懒得回忆的镜头也都随之而来，肖大宝举着吉他给她唱《小芳》的画面，王小帅为他跳舞的画面，都忽然让马玲焦躁的内心变得平静，但平静之下又有着一股疼痛，让她有说不清的失落和彷徨。

很多时候她都在怀疑，嫁给包小白，是不是一个正确的选择呢。

大学毕业那些年，马玲在一个私企做行政文员，工资不多不少，撑不死也饿不着，够她小资情调却不够她奢侈折腾，传说中至死不渝的男友移情别恋，这个打击是致命的，没有让她欷歔不已，而是让她破罐破摔。如果这样的生活是一个错误，那么彼时的她就是将错就错地混，男朋友换了一个又一个，上过床之后又觉得索然寡味，总之那几年的生活过得一塌糊涂，但她依然漂亮、性感、让人着迷，唯有纯真不再被提。

男人伤害女人，女人伤害男人，都是一夜之间的事儿，谁都没错，错就错在生活中充满了过多的肥皂沫，而我们把这些肥皂沫带来的东西信以为真地当成生活。

包小白出现在她面前时，马玲正在和她的副总好着，见怪不鲜的情节，一个有妇之夫，事业有成，欲求不满，一个生活随性、得过且过的女人，一拍即合。

那时的马玲从未想过嫁给谁，她已不再相信爱的真善美，索性奔着物质方面追求，傍个款儿，找个取款机，在床上两眼一闭，互相腻味十几分钟，之后从LV（Louis Vuitton）的包里掏出纸巾擦拭，她时常把围绕在身边嗅来嗅去的男人编号，逛街找A，吃西餐找B，旅游找C，做爱找D，喝酒找E。

忽然有一天，包小白开着那辆奔驰急刹在她面前，然后两个人下车，捧着一个由9999朵玫瑰拼凑出图案的画，画上是一个穿着校服梳着两个辫子的姑娘，是马玲。

包小白下车，左手举着一个超大钻的戒指，右手举着一个号称几百万供她零花的存折。

就这样，当包小白将戒指和存折一同交到马玲手上之后，马玲就决定嫁给包小白。婚后的初期，他们恩爱甜蜜，世界各地游玩，包小白充分满足了马玲的虚荣，马玲也充分满足了包小白的欲求。日子久了，一切也就平淡了，尽管包小白还对她不遗余力地好，但马玲觉得这日子有些变味，有些索然，有些寂寞，但她已经舍不得放下这养尊处优的享受。

此时，包小白的眼神瞬间变得有些黯然，马玲那几句话让当年在学校的那些画面一股脑儿浮现上来。他跟在肖大宝屁股后面，跑来跑去的镜头是如此真切；他又看了看自己的手指头，隐隐作痛，仿佛当年肖大宝当着马玲的面显牛逼时候，撅他手指的画面就发生在眼前；他又想起了在联欢会上肖大宝和王小帅准备演出的时候，他剪断学校电路，只是不想让他们在马玲面前出尽风头，因为没有人注意过他，他一直也深深暗恋着马玲。

那些回忆，有让他激动不已的画面，也有让他恨意难消的镜头，包小白深吸了一口气，努力控制情绪。

“老婆，晚上你自己叫点儿吃的，我先走了。”

_04

“没有年龄的优势，没有外在的优势，但你们有对音乐的那份纯真，我被你们的热情所感动，106号选手，筷子兄弟，晋级。”女评委微笑说道。

尽管肖大宝还一相情愿地以为自己和王小帅早已被包小白内定了，不过是走走形式，配合一下程序，但当评委将晋级卡递到他手中的时候，他依然有一种恍如隔世的感觉，那种梦寐以求的梦想忽然变成现实后的若即若离的感觉，让他觉得有些不真切，有些不靠谱，有些想哭，有些疲惫，五味俱在，感受迷茫。

没有特别的理由，只因这次演出已经来得太晚太晚了，把一个人的梦想用十几年的时光来抻长，让你淡了，淡了，再淡了，直到淡如白水，喝之无味，弃之就死。忽然，有那么一天用几分钟的时间聚合，让你的梦想瞬间实现，这一切的过程在不久之后被肖大宝用性交来形容：憋了十年不碰姑娘，忽然给你一不错的个性果儿让你肆意造作，你一分钟必射，来不及体会感觉。

十多年前，他们年少，稚嫩面庞充满着期待，唯一的梦想就是一起在学校联欢会上演出，顺便引起自己暗恋的姑娘注意，生活如此简单，梦想仅此而已。

肖大宝和王小帅从一家小饭店内出来的时候，已是凌晨。没有人记得喝了多少酒，也没有人记住是谁结的账或结没结账，肖大宝和王小帅互相搀扶，一路走一路嘻嘻哈哈，不知所云地聊着，所聊内容没有交集，各玩各的。

郝芳来的时候王小帅正抱着路灯杆子说掏心窝子的话，郝芳一个重拳打在王小帅的后背："你他妈丢不丢人。"

王小帅转身望见是自己的老婆，一把抱住郝芳，然后开始呕吐。

"王小帅，我操你大爷，你吐我一身！"

此时的肖大宝正围着一辆停在路边的奔驰扒着窗户看，一边看一边叨咕叨咕，然后拿出自己的奥拓钥匙捅车门："怎么，打不开，开，车锁，又，又他妈，坏了。"

郝芳背着王小帅，拦了一辆出租车，回家了。肖大宝怎么也不肯走，郝芳也就没理会。

肖大宝坐在路边，坚持不和他们一起走，一定要坚持酒醒之后把车开回家。

远方一辆车远远驶来，李芳抱着不到一岁的女儿坐在副驾驶上，她那个又黑又瘦小的老公缓缓开着那辆本田，他晚上也喝了一些酒，不敢把速度提升起来，当本田从肖大宝身边经过的时候，李芳看到了坐在马路边的肖大宝：“肖大宝！”

“你认识？”李芳的老公问道，“要不要带他一程？”

李芳那瞬间忽然有一种不顾一切冲下车的冲动，女儿在李芳的怀中沉睡着，忽然“啊”了一声，李芳看着怀里长得特别像她爸爸的女儿，内心一阵疼痛，她自嘲地笑了笑：“认错人了，我以为是我小学同学，走吧。”

李芳心里充满了无来由的悲伤，她应该知足，老公其貌不扬，但工作能力突出，这几年已经由主管晋升副总了，而且对她很好，对她的任性蛮横甚至冷漠总是无限包容，再坚硬的冰山也有融化的一天，李芳现在已经从内心接纳了老公，并努力配合老公的性欲，不再像一具死尸一般的没有任何反应，怀了孕生了女儿，孩子健康可爱，充满无限期待。原本生活一切都算不错，她理应满足，不该心生过多杂念。但这样再次遇到肖大宝，看到肖大宝如此落魄不堪坐在街头，她内心依然难过，如同很多年前分手的那一刻。

李芳把车窗打开，晚风将她的长发吹起，她静静看着窗外景色，灯火、店铺、写字楼、匆匆夜行人，一切都从她眼角大片大片滑过，她想起了很多年前的肖大宝，她开始怀疑：在现在这个坟墓一般的婚姻里，谁可以为她曾经的爱做个见证？肖大宝到底是不是出现在她的生命中呢？那一切难道只是她的想象或是梦境？在那个虚幻里，他们载歌载舞，他们推杯换盏，他们悲伤快乐，他们憧憬期待，那些画面忽然被抽空，被湮灭，被扭曲，就如同夜晚的烟火消散在风中，来不及感慨什么，一切都已按部就班，她嫁给了一个她不熟悉、不喜欢的人，陪着这个不熟悉、不喜欢的人每天躺在一张床上，时而做爱，让那张床发出“吱吱”的声响，时而相拥，在无数个寂静的夜里，她轻轻哭泣。

“打开收音机吧，我想听听歌儿。”李芳说道。

“孩子刚睡着，别吵她了。”李芳老公看了一眼孩子，说道。

“开！”李芳忽然暴躁地说了一声。

李芳老公无可奈何地看了她一眼，打开了收音机。

“时间匆匆，韶华不再，谁还会想起你当年的那个他或她？你是否曾以为你忘记了一切？但一个不经意，你会发现那些你原本以为消失了、不在了、忘却了的东西，一直还在原地打转，一直不曾离开过，好了，各位听众朋友，为你们献上一首老歌，《爱的代价》，让我们重温当年的那份纯真……

还记得年少时的梦吗，像朵永远不凋零的花
陪我经过那风吹雨打，看世事无常，看沧桑变化
那些为爱所付出的代价，是永远都难忘的啊
所有真心的痴心的话，永在我心中，虽然已没有他
走吧，走吧，人总要学着自己长大
走吧，走吧，人生难免经历苦痛挣扎
走吧，走吧，为自己的心找一个家
也曾伤心流泪，也曾黯然心碎，这是爱的代价
也许我偶尔还是会想他，偶尔难免会惦记着他
就当他是个老朋友啊，也让我心疼，也让我牵挂

只是我心中不再有火花，让往事都随风去吧

所有真心的痴心的话，仍在我心中，虽然已没有他

……

这一夜，繁星满天，肖大宝隐约听到了有一个女人的声音在呼喊他的名字，那声音有些耳熟，也有些陌生，让他内心为之一痛，他来不及思索，便歪头倒在路边，睡了过去。

_05

几番蹉跎终成正果，悲欢岁月谁来见证——拿什么拯救你我的梦想……

相同的命运，不同的生活——两个男人和一个梦想不得不说的故事

如此执著为哪般？老男人的辛酸梦想史……

他爸不是李刚，他们依然可以成功……

一对黑马，正在本届“欢乐男生”以迅雷不及掩耳之势奔驰……

枯木也逢春，谁说追求梦想是年轻人的产物……

……

红了，就像燃烧一般蔓延，一切都在瞬间便铺天盖地而来。现在的资讯如此发达，无论你在哪个角落，都可以随时知道关于世界、关于国

家、关于战争、关于娱乐的任何一条消息。

“科鲁兹欢乐男生”的选秀还在继续，海选晋级后，肖大宝和王小帅的“筷子兄弟”一路过关斩将，挤进了全国前60名，这结果是很多人无法预料到的，他们已经成为本届“欢乐男生”的一道风景、一个话题。

所有媒体如同苍蝇一般蜂拥而至，都想独家采访“筷子兄弟”，挖掘这两个中年人背后的故事，凭敏感的直觉，大家都觉得这两个人活了那么大岁数，背后一定遮掩着很多悲欢离合的故事。

一时，“筷子兄弟”成为娱乐电视节目、网络、报纸、杂志的宠儿，那种被人高高捧在上面的感觉让肖大宝和王小帅又享受又忐忑，他们害怕这一切都是梦，害怕这一切忽然失去。

他们的心此时正悄然而无声地转变着。

化妆间内，化妆师正在给肖大宝和王小帅化妆，一会儿他们要拍几组宣传海报。

“昨晚上两点了，有一个傻逼媒体给我打电话，非要采访我，我当时就急了，你有病吧？大半夜我让一傻大老爷们儿冲进我家给我采访？我知道你是独家采访还是入室抢劫啊？要是女记者还差不多。”肖大宝坐在椅子上一边接受着化妆师的捣鼓，一边和坐在旁边的王小帅嘟囔，显然一副腕儿级的人物。

“嗯，我何尝不是啊，家门口天天蹲着一群人，我一出门全都埋伏起来，这阵势让我害怕，感觉一出门就进入敌人包围圈似的，无数准星集中在我身上，我不敢随地吐痰，不敢衣着暴露，不敢随地大小便，不敢买便宜的烟抽，一举一动都有人盯着，唉，真烦。”尽管不停抱怨着，但王小帅的神情却是一副小人得志、得意扬扬的神态。

两个化妆师彼此对视一眼，眼中闪现鄙夷之色。

“哟，两位老师，红了之后可别忘了替咱也宣传宣传，我们也借鸡下蛋地沾沾光，混一个大剧组、大台的化妆顾问，那我们八辈子都忘不了你们，祖祖孙孙、世世代代地把你们的名字传下去。”一名化妆师带着调侃的意味说道。

“互相帮助，互相帮助。”肖大宝很享受地说道，“哎，对了，把我的头发弄弄，我想要那种古天乐式的发型，上边有型、鬓角挺直的那种，还有还有，我侧面不是很好看，你帮我把头发尽量往下放点儿，这样能挡着我过宽的额头，还有，我的胡子你别给我刮了，我想留起来，你给我把边上刮刮，让胡子也有型一点儿，现在有点儿散……”

“事儿逼，真把自己当谁了？我给周润发做头发都没这么费劲，行了，就这样了。”化妆师把吹风机往台子上一撂，甩了一句，“这年头，装大尾巴蛆的人真多。”

另一个理发师也帮王小帅做好了头发鄙视地看着他们，然后也出去了。

肖大宝和王小帅面面相觑，不知所以然。

“操行，至于吗，谁事儿逼啊？”肖大宝愤愤骂道。

“嫉妒也不至于这么明日张胆啊？”王小帅也淡淡说道。

“行不行呢？赶紧拍照，一会儿还有香港记者采访呢。”此时，一个女孩推开房门说道。

肖大宝和王小帅赶紧出门，然后来到摄影棚，摆弄着各种姿势配合摄像师拍照。

话筒递到两个人面前，两人努力松弛面部肌肉，微笑地摆出轻松的神情，至今他们还没习惯被采访时该怎么拿捏表情。

“我想问一下，你们为什么要模仿迈克尔·杰克逊？”香港女记者带着浓浓的粤语口音问道。

王小帅憨厚一笑：“我们，我们就是喜欢迈克尔·杰克逊，从小就喜欢，觉得他特帅、特酷。”

肖大宝觉得王小帅的回答没有任何技术含量，过于朴素直白，他把话筒抢了过来：“迈克尔·杰克逊的去世，代表了我们这一代人青春时代的终结，就好像是一个美丽的梦终究要醒来，你不得不去面对现实。”

“哦，是这个样子啊，接下来的比赛开始侧重选手的创作能力了，你们两个有没有准备？”记者继续问道。

两人内心一阵激动，因为他们早已偷偷创作了一首歌曲，准备当做秘密武器再次一鸣惊人，但现在想卖个关子，彼此相视一笑，微微点点头，不再多说什么。

“行了，行了，问几个问题就得了，下一个选手。”旁边的一个策划喊道。

_06

包小白表情有些阴郁地走来走去，几个评委、导演和策划人员坐在对面，大气也不敢出地看着他，他们不明白包总为何忽然召集他们开会，也不明白包总的表情为何如此凝重，就在刚才，还刚刚骂哭了一个女助理。

包小白很愤怒，他从未当回事的肖大宝、王小帅竟然一路过关斩将，进入了全国前60，这个结果始料未及，现在各大主流、非主流媒体的目光也都渐渐放在这两个岁数最大的选手身上，漫天而来的报道扑面而至，包小白办公桌上就有关于报道“筷子兄弟”的几十份报纸、杂志，更别说网友一片力挺声以及场外观众的支持短信，这一切都让包小白觉得有些难以掌控，他最近压力也很大，从内心而言，他并不希望这两个当年的老同学、好朋友可以走太远，不想每天回到家之后，马玲都没完没了地追问关于这两个人的一切，每当“筷子兄弟”又晋级一次，那些被肖大宝欺侮、被王小帅抢风头的画面就又会重现在他的梦中，他总是半夜从梦中愤怒而醒，感到憋屈难耐，然后捂着自己的胸大口大口地呼吸着。

“我们这个节目，最重要的是推出那些具有商业价值的年轻偶像艺人，你们做得很好，这些晋级的小屁孩儿都能歌善舞、长得也不错。但是，现在有一些形象差、年龄大的选手过于突出……”包小白从桌子上拿起一张海报，照片上是肖大宝、王小帅摆酷的造型，“我觉得像这样的选手，以后就不要出现在晋级比赛中了吧？各位评委老师，咱们点评时也注意一点儿，好吧？”

“可是包总，我觉得他们身上那种朴素、那种执著、那种敢于追求梦想的精神真的让人钦佩，他们的出现之所以如此成功，并不是一个奇迹，他们代表了电视机前以及网络上很多中年人的一个念想，所以他们的支持率如此居高不下，现在关注咱们这个节目的观众年龄段不仅局限于二十多岁的人了，如果贸然将他们淘汰，势必影响咱们的收视率。从我们内心而言，我觉得他们的表现不错，包总，是不是再好好考虑一下？”一个导演大胆说道。

包小白面无表情地走到那个导演面前，忽然把手里的海报摔在他的脸上：“你记住，这里我说了算，再他妈废话，我让你和他们一起消失……”

_07

60强晋级50强的比赛后天就要开始了，比赛到了这个时候，更加严格和残酷起来，肖大宝和王小帅也感到了空前的压力，能走到现在他们已经心满意足了，他们把这一切都认定是包小白的暗中支持。可几天前，包小白忽然打电话给他们，告诉他们他不能死保了，上面的压力太大，以后每一场比赛都要真刀真枪靠自己了。这样一来，肖大宝和王小帅内心开始变得不踏实起来，已经到了全国60强，从几千人的竞争中一路走来，他们舍不得放弃，舍不得就此停步，舍不得被关注的感觉。从最初想登台表演，续上校园时代的那个未能演出的梦，到如今不想撒手反而想抓住更多，这一切似乎都有些违背了他们参赛的初衷，歌德说过，当我们自以为达到了所希望的目的时，那恰恰是离我们希望最远的时候……

“我们会被淘汰吗？”肖大宝问道。

“那你觉得我们会夺冠吗？”王小帅反问道。

“努力吧。”

“走着吧。”

夜色下，刚刚排练完的两个人喝着啤酒，看着夜色天空，那深沉无际的黑，不知哪儿的远方，有人放着烟花。多年前，他们也曾穿着校服坐在学校楼顶仰望夜空，那时未来是如此遥远，但他们坚信，未来定如烟花一般耀眼。

“我想去咱们那个中学看看。”肖大宝忽然说道。

_08

毕业后，每个人都在自己人生路上风雨兼程地穷忙着，曾阔别十多年的学校，谁还会记得那一切呢？那些白衣飘飘的影子，那些忐忑不安的暗恋，那些荒唐可笑的恶作剧，那些一起构建未来的场面，都随着离开，留在了这里。记得不记得，已经没有什么区别了。

上午下过小雨，却留下了一个阳光灿烂的下午，肖大宝和王小帅以及郝芳一起来到了这个承载他们很多美好记忆的地方，转眼多年过去，当年他们在这里留下的足迹、留下的欢笑早已烟消云散，一切都已改变了，包括这所学校。

曾经杂草丛生的操场已被换成了橡胶跑道和人工草皮，几个男孩正踢着足球，几个女孩正撑着伞从操场边缓缓而过，不时看着那些踢球的男孩，然后悄悄议论着什么。

肖大宝站在看台上，默默看着这个操场，当年他和包子、张建国等人经常在这里踢足球、打篮球，一群女孩在这里跳皮筋，那时还是一片片土地，可他们玩得如此开心，经常人仰马翻，黄沙滚滚，尘土飞扬。

王小帅和郝芳坐在那里，也同样默默看着这所学校发生的一切转变，曾经记忆中那红色墙体的教学楼早已焕然一新，变得豪华奢侈。

每人内心都有一种莫名的失落感，熟悉的一切都不在了。

“老王，你还记得那里吗？”肖大宝指着一处停车场说道。

王小帅眯着眼睛，努力看着，脑中拼命搜索着关于那块停车场的一切，然后茫然摇摇头：“变化太大了，我什么都记不清了。”

“我操，那是我当年脱你裤子的那个车棚子。”肖大宝笑道。

郝芳白了一眼肖大宝：“从小就不地道，缺德玩意儿。”

王小帅也黯然一笑：“是吗，好像不是这儿吧？”

“绝对是，没错。”肖大宝对自己还能如数家珍地记起这个角落感到骄傲。

王小帅抬头看了一眼天空，他忽然觉得那时的天空比现在蔚蓝很多：“走，下去看看。”

三个人来到了橡胶跑道上，慢慢走着，然后努力分辨每个地方曾经的模样，那几个撑伞的女孩子从他们身边经过时，肖大宝恋恋不舍地看着她们从身边走过，几个女孩也笑嘻嘻回头看了这三个中年人一眼，然后一起悄悄说着什么，紧接着就是清脆的大笑传来。

“你丫一直不结婚，不会寂寞到连他妈孩子都不放过吧？”郝芳调侃道。

“没有没有，我只是觉得那时我们也不过就这个岁数，一样拥有那么稚嫩的脸庞，那么灿烂的笑容，现在我忽然觉得咱们笑起来都那么疲惫。”肖大宝说道。

郝芳也感慨：“现在都不好意思跟人家说我们好歹也算是你们的学长，要介绍也只能说我们算是你们的学叔、学大爷。”

“学大妈、学奶奶。”肖大宝补充道。

“滚蛋，我至于称奶奶吗。”郝芳骂道。

“是啊，那时我们没心没肺，太多事情不用去考虑，躲在家长屁股后面，什么都不用操心，每天就知道可劲儿地玩。”王小帅说道，“现在，柴米油盐酱醋茶，生活的一切都压得你忘了怎么笑了。”

“老公，你一说这个我想起来了，这两月净关门折腾了，手没钱了，取点儿吧，过几天我想去医院挂个专家号看看，听说那个专家专克不孕。”郝芳说道，“就是……挺贵的，挂号就几百，从他那儿拿药也得几千。”

“取吧。”王小帅无奈笑了笑，“哪儿都能省钱，就是医院不打折啊。”

“哦，那个，那我不去了，我自己慢慢调理调理，坚持一段时间，看看再说。”郝芳故作轻松地说道，“这么多年没少花钱，也没一个见效的，这次也未必，都吹得挺牛，治疗都是那套东西，换汤不换药，没什么新鲜的，老公，咱以后再说吧。”

郝芳的话让王小帅鼻子一酸，他以前一直觉得这胖妞配不上自己，但这几年他忽然觉得自己配不上郝芳。

“别谈钱了，我那破车车胎都被磨平了，还没钱换呢。”肖大宝也抱怨，“还是当孩子好啊，没钱就跟家伸手要，现在我家老头再给我钱，我接钱那手都哆嗦，弄得我家老太太一直觉得我有脑血栓、帕金森什么的前兆。”

“钱，真是好东西啊。”王小帅淡淡说了一句。

“哎？那人，怎么那么眼熟啊？”肖大宝看着前面忽然说道。

不远的阴凉处，一个头发花白的老人坐在轮椅上，不时四处张望着学校内的一景一物，表情有些茫然。

“好像是你们班那班主任，那个老丁吧？”王小帅眯着眼睛说道。

“对，就是他，这老东西没少打我，现在怎么坐轮椅了？呵呵，报应吧，报应。”肖大宝有些幸灾乐祸地说道。

郝芳擦了一下脸上的汗：“行了，一晃都十多年过去了，你还这么耿耿于怀啊，都生活不能自理了，你那嘴就积点儿德吧。”

“过去打个招呼吧，也教过我们班语文，没准儿也认不出来咱们了。”王小帅说道。

三个人走了过去，老丁孤独地坐在轮椅上，张着嘴看着他们。走近了，大家才发现，他的面庞并没有多么苍老，只是头发过于花白，显得人老了。曾经在肖大宝眼中那高大蛮横的形象现在变得如此满头白发、老态龙钟，那悲伤的神态也好似年迫日索、时日不长的样子。

“丁老师，还记得我吗？”肖大宝笑道。

老丁用那浑浊眼神盯着肖大宝，过了半天才缓缓道：“是肖大宝吧？”

“哎哟，老东……哦，老师，还真认出来了，我就是肖大宝。”肖大宝拍了拍老丁的肩膀，“丁老师，您怎么坐轮椅了？”

王小帅捅了一下肖大宝：“丁老师，还认得我吗？”

“你……不记得了。”老丁摇摇头，表情有些无辜。

“丁老师，我是王小帅啊，就是以前那个老爱跳舞的孩子，这一转眼十六七年了吧？您现在怎么样？”

“哦，还能怎么样，腿都站不起来了。”老丁自嘲道。

“老伴儿呢？怎么就一个人溜达啊？”肖大宝问道。

“没了，没了，走了四年了。”老丁有气无力说道，“我命大，车轮底下捡了一条命，就是腿直不起来了，我老伴儿命不好，连抢救都不用了。”

老丁开始叨咕叨咕地自言自语起来，无非就是这几句话，什么老伴儿命不好，自己命大，一辈子无儿无女……

看着这个可怜的老人，肖大宝心里有的只是悲伤和惆怅。

肖大宝再次拍了拍老丁的肩膀，老丁那双不断抖动的手努力抬起来，攥着肖大宝的手：“大宝，早已成家立业了吧？”

“还，还没呢。”

“呵呵，从小就调皮捣蛋的，这么大人了，还没玩够啊？赶紧成家吧，找个人管着你，给你做饭，给你生孩子，是多好的事儿啊，闷了吵个架都有人陪你，呵呵。”

肖大宝的眼眶有些红了，赶紧转移话题：“丁老师，您跟这儿干吗呢？”

“没事，没事，我就是没事干，想看看这个学校，我这一辈子都交给这学校了，呵呵，也有几个学生挺有出息的，都当领导了，也有大企业的老板，呵呵，心思全在这儿了，也不知道自己还能活几天，多看一眼就少一眼啊。”

“好好保重。”肖大宝淡淡说道，“丁老师，我走了，您晒会儿太阳吧。”

肖大宝转身走了，他觉得时间真的挺可怕的，一瞬间，物是人非，一切繁华，转瞬即逝。

老丁坐在轮椅上，努力抬起手向着肖大宝等人的背影慢慢挥动着，过一会儿，一个护工模样的人走了过来，推着老丁慢慢走出校园。

_09

“包子管不了咱们了，咱们今天就耍单儿，靠自己了，爱怎么着怎么着吧，然后一切顺其自然，该干什么干什么，我他妈是受不了这刺激了。”肖大宝一边给吉他校音一边说道，“哎，老王，你，你，那个，我听郝芳说你那理发店准备盘出去？……对不起。”

“别跟我这儿起腻啊，什么对不起对得起的，咱狼狈为奸，同取其辱。”王小帅说道。

“什么狼狈为奸啊，用词不当啊，那叫惺惺相惜，英雄所见。”

“行了，别说这个了，我觉得咱们参赛了，晋级也算成功了，得知足，两张老脸混进了全国60强了，也别倚老卖老、贪得无厌了，反正我媳妇觉得咱们挺牛逼。这回啊，输了也就输了，赢了也就赢了，自生自灭，也没什么大不了的。”王小帅一边说着一边整理衣服。

“加油。”

“加油。”

“科鲁兹欢乐男生”全国60强晋级赛正式开始了，从这个阶段起，比赛更加残酷更加吸引人，媒体的关注度也空前强大起来，一切都有如风雨欲来，压得每一个选手紧张不安。

倒是在前几天还忐忑不安的肖大宝和王小帅此刻却平静异常，包子已无法帮忙了，他们依无可依、破釜沉舟的感觉更加踏实，偶然碰到了当年的班主任老丁，让所有关于他们那个时代的人和物，所有美好的悲伤的一切，都让人对记忆发生了怀疑，似乎当年的那些画面是一个个妄想，不曾真实出现过。

带着这种情绪，肖大宝和王小帅推翻了早已创作好的歌曲，一夜之间，两个老男人用泪水和烟头相伴，写下了一首《老男孩》，那是他们送给自己的歌曲。那个属于自己的青春时代不在了，他们要用委婉的歌声以此纪念。

恍然一世，洗尽光阴铅华，流逝多少无奈与泪水，回忆如海，岁月几经沉淀，释怀多少往事与现实……

“下一组选手，筷子兄弟！”

肖大宝王小帅对视一笑，整装待发。

_10

一片欢呼声中，肖大宝和王小帅走入比赛大厅，今天的舞台显得更加隆重，场下坐的人也更加多，闪光灯、聚光灯打在舞台中间，摄像机对准观众，所有人都奋力在镜头前表演、欢呼，这一切的繁华喧嚣让两人有些不适应。

几位评委带着戏谑的神情看着他们，包小白也戴着墨镜坐在那里，对他们平静微笑，王小帅努力在观众中找寻老婆郝芳的身影，好在郝芳目标大，几眼就扫中了，郝芳此时正对他竖起大拇指，而某一个角落，有一个烫着鬈发的女人抿着嘴，双手紧紧攥在一起，正在那里静静地看着肖大宝。

“李芳，李芳，你瞎激动什么？”女人身旁那个黑瘦有些谢顶的中年人说道。

“哦，没，没事，我就是被这气氛感染了。”

“你们俩一个是婚庆主持，一个是理发师，是吗？”一个评委略带着讽刺的口吻问道。

台下一阵哄笑。

肖大宝和王小帅也怔了一下，这些情况他们不早就知道吗？怎么今天又提起来了？他们猜不出来，这一切都出于包小白的主意，极尽挖苦，最后淘汰。

“是。”肖大宝说道。

“你们俩知道不知道，在所有选手里面，你们俩的年龄是最大的？”一个女评委又笑着问道。

“不，不太清楚。”肖大宝又说道。

第三个评委更加直接带着轻蔑的语气问道：“哎，你们觉得你们能红吗？”

肖大宝和王小帅彼此对视着，有些尴尬，只是微笑没有回答。

“我们还是看他们的表演吧。”包小白打了一个圆场。

肖大宝坐在椅子上，将那把已经满载风霜的吉他捧在怀里，对着话筒试了试音，王小帅则站在一旁，一手摸裆一手摸头地摆出了迈克尔·杰克逊的架子。

全场灯光暗了下去，唯有肖大宝和王小帅那里还有追光灯在摇晃着。

肖大宝轻轻闭上了眼睛，那一刻，他仿佛回到了那个无忧无虑的学生时代，坐在草地上，抱着吉他弹唱着，一群人围他而坐，王小帅穿着校服在旁边跳着迈克尔·杰克逊的舞蹈，包小白、李大海、张建国、丁小刚、王欢等人一边拍着手一边轻轻跟唱，每个人都笑得如此灿烂，如同每个夏日明媚的午后，每个眼神都如此清澈单纯，如同那多年不变的梦想一般纯粹干净，他们唱着，跳着，笑着，闹着。

王小帅也轻轻闭上了眼睛，他似乎回到了那个淡漠年代，那一间不足十平米的小屋内，衣物凌乱不堪地摆着，屋内满墙都是迈克尔·杰克逊的海报，他把迈克尔·杰克逊的录像带放入录像机，那台小彩电上正舞动着一个男人的传奇，他如痴如醉看着，随之翩翩起舞，不能自拔。

辗转的四季，有多少人在他们身边走来离去？那些呼啸而去的时光，带走了他们或悲怆或幸福的青春，而后又留下了什么给他们？

肖大宝轻抚吉他，那缓慢而又悠长的音乐响起，他凑近麦克风，唱起那首祭奠他们青春的歌曲，王小帅摘去礼帽，将系在腰带里的衬衫拽了出来，跳了起来：

那是我日夜思念深深爱着的人啊

到底我该如何表达

她会接受我吗

也许永远都不会跟她说出那句话

注定我要浪迹天涯

怎么能有牵挂

梦想总是遥不可及

是不是应该放弃

花开花落又是一季

春天啊你在哪里

青春如同奔流的江河

一去不回来不及道别

只剩下麻木的我

没有了当年的热血

看那满天飘零的花朵

在最美丽的时刻凋谢

有谁会记得这世界他来过

……

“老公，接着。”郝芳从观众席上站了起来，把带着红色绸布的扇子扔给了王小帅。

王小帅接过扇子，挥舞着那长长的红色绸布，豆大的汗珠儿已经从这个奔四的男人脸庞滑落，而他却依然坚定地上下左右舞动着，这一次，他要用尽全身力量，抽干最后一丝体力，为自己跳这支舞。在红色绸布的舞动下，肖大宝继续唱着：

转眼过去多年

世间多少离合悲欢

曾经志在四方少年

羡慕南飞的雁

各自奔前程的身影

匆匆渐行渐远

未来在哪里平凡

啊谁给我答案

那时陪伴我的人啊

你们如今在何方

我曾经爱过的人啊

现在是什么模样

当初的愿望实现了吗

事到如今只好祭奠吗

任岁月风干理想

再也找不回真的我

抬头仰望着漫天星河

那时候陪伴我的那颗

这里的故事

你是否还记得

生活像一把无情刻刀

改变了我们模样

未曾绽放就要枯萎吗

我有过梦想

青春如同奔流的江河

一去不回来不及道别

只剩下麻木的我

没有了当年的热血

看那满天飘零的花朵

在最美丽的时刻凋谢

有谁会记得这世界他曾经来过

当初的愿望实现了吗

事到如今只好祭奠吗

任岁月风干理想

再也找不回真的我

抬头仰望这漫天星河

那时候陪伴我的那颗

这里的故事

你是否还记得

如果有明天

祝福你亲爱的……

_11

张建国穿着一身廉价西服，发型凌乱地走到一家小商店，看着干瘪的钱包，有气无力地对着老板说："泡一碗桶面。"然后他有些颓废地坐在店门口的椅子上，托了托厚重的眼镜，茫然看着大街上熙熙攘攘的人群。

和很多人一样，他从小有很多远大抱负和梦想，随着岁月的流逝，梦想把那些抱负演化成了包袱，重重压在他的胸口，让他疲惫迷茫地面对每一天，"梦想"二字再也难以启齿。

大学没考上，他熬到了岁数便被家里安排娶了个农村老婆，除了干家务是把好手以外，没有一技之长，长年在家没有工作，而且近几年脾气越来越差，总对张建国破口大骂，内容无非是无能、赚不到钱之类的话。她曾长时间在田地劳作，拥有好汉般的强悍身材，张建国经常被打得躲在楼道里不敢回家，为此还报过警。那个老式楼的家里还停留在80年代的装修水准，一台21寸的牡丹彩电每天维系着仅有的一点儿快乐，除此之外，他唯一的精神支柱就是他的儿子小虎子，小虎子已经四岁了，孩子给他的平静生活平添了几抹乐趣，但出门后那欢笑的神情又瞬间变得黯淡，三十多岁的人了，还做着一个业务员的工作，每天口吐莲花、连蒙带骗地推销产品，受人排挤、遭人白眼如同吃桶面般家常便饭，每天身心俱疲地回到家，依然感觉不到任何温暖，甚至面对自己的老婆比面对要求退货的客户还提心吊胆，这一切都让他有些自卑，他觉得曾经那个阳光开朗、有点儿蔫坏的张建国已经死在学校了，死在那些青春岁月里了。

小商店的门口不时有车开过，转眼便消失于夜幕远方，而那些来来去去的路人或兴高采烈或哭丧着脸，唯独张建国表情阴郁、眼神迷茫地坐在那里，等待着那碗尚未泡好的方便面。

一首歌曲从电视里缓缓传来：

转眼过去多年
世间多少离合悲欢
曾经志在四方少年
羡慕南飞的雁
各自奔前程的身影
匆匆渐行渐远
未来在哪里平凡
啊谁给我答案
……

张建国的眼神忽然变得炙热凝重，他托了托眼镜，仔细盯着面前那个小电视里那个抱着吉他的男人，还有在他旁边随声而跳的男人，一份久违的亲切感涌上心头，张建国那压抑多年的泪水再也止不住，一泻如往，他像个受了委屈的孩子一般……

十多年前，一个胖胖的少年戴着一副大大的眼镜，屁颠屁颠地跟在肖大宝身后，他们时而嬉笑怒骂，时而伤感惆怅，时而开怀大笑，时而郁郁寡欢，他们就像是《麦田守望者》里面那群在麦田里奔跑的少年一般，不知从哪里来，也不知要去哪里，整天跑在麦田里就很开心，他们就是自己的守望者，一起守望今生的爱情，一起守望未来的事业，他们彼此约定此生都是兄弟，他们说好若干年后要各自开着奔驰宝马聚会在香格里拉酒店，他们聊着谁家生个儿子谁家生个闺女要结成亲家。如今已人过而立多年，谁也想不起来那些约定了，谁也记不起来当年说着这些约定的人了……

桶面泡好了，张建国端着桶面，泪水依旧不止，他睁着迷茫悲观的大眼睛看着电视里的肖大宝和王小帅，就如同《包法利夫人》说的那样，他用那一双绝望的眼睛，观看自己生活的寂寞。像沉了船的水手一样，在雾蒙蒙的天边，遥遥寻找白帆的踪影。

_12

“胖子，我要的那鸡翅成没成呢？都他妈半个多小时了，是不是还得先孵鸡啊？”

“今儿人多，这就好了，稍等几分钟，给您送过去。”

“你丫赶紧的，再磨蹭我把摊子给你砸了。”

“唉，唉，哥，别急，马上就好。”

“老板，给我加五串鸡心！”

“好，好，五串鸡心是吧，没问题，一会儿就好。”

“老板，让你别给我放辣的，撒这么一堆辣椒面，吃完了我他妈得犯痔疮！”

“哎哟，大哥，真对不住您了，我记错了，我给您重新烤……”

李大海光着膀子在炭架前烤着顾客点的东西，大把大把汗珠从他的额头鬓角刷刷滑落，肥硕的躯体上也布满了汗水，他一边擦汗一边兢兢业业地工作着，支撑着自己这个小小的串店。

十四五年前，那时他意气风发，凭着自己强悍的发育在学校中为所欲为，跟肖大宝一起干着那些鸡飞狗跳的事，每天过得刺激又快乐，如今的他，面庞虽不见老，但身体已大不如以前了，高血糖、高血压、高血脂这“三高”的折磨常让他头晕目眩，每个月赚来的钱有一小半都被用来买药，病痛的折磨让他有时因那些肥腻的烤串而产生恶心，但咬紧牙关是他唯一的选择，他要活着，活在这个纷乱的时代。

他小时候的梦想很多，想当军人，保家卫国，然后战死沙场，临死的时候还要高喊“共产党万岁”；他也曾想当一个科学家，把那原子弹研究得更具有毁灭性，然后空降送给日本；还想过做一个跨国公司的大老板，去赚外国人的钱。总之，无论如何，他也不会想到三十多岁的时候自己是在烤羊肉串，每天收摊儿都要深夜两三点，然后开着一辆小面赶紧回家睡觉，早晨起来还要进肉，然后一个个穿进竹签，一晃就是下午，又要开始出摊儿，每天如此，反反复复，疲惫不堪。除此之外，他还要每天应付城管的各种刁难，应付各种喝大了的客人，跟他这儿撒酒疯，然后一边自认倒霉地看着客人砸了酒瓶砸桌子，然后还得装孙子似的赔笑，一脸媚笑地问客人："您没事儿吧，要不要去医院看看。"

闲暇的时候，他也试图开怀大笑，如同当年那般没心没肺，他也曾试图落寞伤感，但每天忙忙碌碌却赚不了几个钱的生意折腾得他连发呆的时间都没有了。单调规律的生活让他活得太忙太累太焦虑，对美好的事物很少感动了，对悲伤的事情很少感触了，对坚持自我的原则不再固执了，对存活于童话里的爱情不那么憧憬了，对变故反复的生活不那么抱怨了——不能改变只能适应。总之，他被现实湮灭了很多梦想，只留下来不及体味的悲伤和无尽疲惫，再过几年，等积蓄再多一点儿，他打算托人给自己介绍一个外地女人做老婆，北京满大街的大姑娘、小妞子他已不敢奢望。

他已经很久没见过肖大宝和王小帅了，更别说包小白和张建国那群人了，每个人都有了自己的生活轨迹，都没有过多的闲暇时间去听另一个人抱怨和牢骚，久而久之也就少了各自寻找的那份心情。人在生活的漫长旅途之间，总如同花开枝头一样，要开要落，要聚要散，往往身不由己，一切都被岁月无情推动着，你只能接受。

他曾经爱过一个女孩，他管那个女孩叫做黑天使。

那女孩后背文着一个黑色天使，醒目而夸张，女孩安静地一个人坐在那里吃烤串，自斟自饮，喝到所有人都走了，拉着李大海陪她一起喝酒，然后滔滔不绝地大骂男人都他妈不是玩意儿，除了会脱女人的裤子，不会干别的。

李大海在一股莫名勇气的怂恿之下，瞬间拉住了女孩的手，然后说了这辈子都没说过的令人感动的话：嫁给我吧，我用我二百多斤的身子给你挡住所有悲伤，然后把快乐过滤给身后的你……

女孩只是哈哈大笑，轻蔑地说道：我操，大哥，我就是闷得慌，想跟你扯会儿淡，你想什么呢？即使我同意了，那你告诉我，我怎么跟我那群姐们儿介绍？我要跟别人说我老公是个烤羊肉串的，我他妈面儿挂哪儿啊？以后怎么混啊？大哥，求你了，别煽情，现在泡妞儿，你这套虚头八脑的话谁还会当真啊？你给我三环内买一个一百多平的房子，然后给我一个红A4，我明天就跟你领证去……

这是李大海这辈子说过的最真诚也最让人感动的话，当然，那个女孩的回答也相当真诚。

李大海看过一个电影，他觉得里面的那句话说得很对：好多东西都没了，就像遗失在风中的烟花，让我来不及说声再见就已经消逝不见……

他用毛巾擦拭了一下不断滴落到眼睛的汗珠，然后喝了一口啤酒，终于都烤完了，他抽了一支烟，然后抬头看看冰箱上那台小电视，肖大宝的歌声就那么传了出来：

那时陪伴我的人啊

你们如今在何方

我曾经爱过的人啊

现在是什么模样

当初的愿望实现了吗

事到如今只好祭奠吗……

李大海怔怔看着屏幕里肖大宝那熟悉的脸庞，看着肖大宝手里那把他们一起下河捞出来的吉他，看着王小帅那舞动的身影，几滴晶莹的水珠从眼角滑落，顺着脸庞滑到地上，发出清脆的声响，他有些分不清，那是泪水还是汗水……

“胖子，你丫发什么呆啊，赶紧给我加两个腰子！”

“滚蛋，没时间！”

_13

马玲穿着一身睡衣坐在那柔软厚重的床上，四周都是湿透的纸巾，她眼泪如同决堤的潮水，如同三月春雨，又如同房檐上融化的积雪。

她一直以为自己不会再为了什么无聊的事情而感动得热泪盈眶了，也不会再为了什么不存在而悲伤不已了，她的价值观早已被锤炼得无比现实，如同石子一样坚硬，而且现在的自己早已不是当初看《葫芦娃》时看到那个爷爷被蛇精蝎子精杀害就哭得稀里哗啦的那个自己了，不再敏感，不再单纯。

肖大宝还是那个德行，一脸的玩世不恭，让她想起了那些老旧画面，她撑着伞穿过一条条车水马龙的街口，然后在自家小区门口的车棚子那里，发现肖大宝穿着校服正站在雨中，怀中抱着的就是现在电视上的那把破吉他，然后他用一脸尴尬略带兴奋腼腆的表情看着自己，雨水无情淋湿了肖大宝的衣服，肖大宝依然无动于衷，在大雨中为自己唱着很多年未曾听人唱起的那首《小芳》。

王小帅的头发少了很多，鬓角有些秃了，但跳舞时坚定的眼神却未曾改变，他正在电视上，挥舞着长长的红色绸带，忽上忽下、忽左忽右地舞动着，他的动作依然矫捷有序，依然那么充满活力，只是当初那些高难度的动作已经很少出现了。

她知道肖大宝喜欢自己，也知道王小帅暗恋自己，一个为自己唱歌，一个为自己跳舞，就如同现在电视画面上那样，但那个时候她高傲、任性、孤芳自赏，她觉得自己的美貌外加可爱，就应得到别人的赞赏、爱慕，这一切都是天经地义，她不曾为此而感动，她的梦想和大多数天真浪漫的女孩一样，拥有一次浪漫的邂逅，一个高大帅气如王子一般的梦幻男人，一场轰轰烈烈感动天感动地的爱情，然后结婚生子，执子之手与子偕老，生活一生。

这样一份爱，如彩虹般虚幻美丽，让她一步步走近，一步步远离，一步步迷失，直到爱无所爱，直到不知何为爱，从此开始自暴自弃。

马玲的泪水依然不断，她强忍着哭泣，却更加悲伤落泪，肖大宝的歌曲还在唱着，那音乐如同搭弓，歌词如同箭矢，一把把发出撕裂空气般的啸声，然后穿过屏幕，全部射在自己的内心。

马玲低头擦拭着眼泪，她忽然看到了那本用来打发时光的书《追忆似水年华》，她忽然懂了那句话：当现实折过来严丝合缝地贴在我们长期的梦想上时，它盖住了梦想，与它混为一体，如同两个同样的图形重叠起来，合而为一。

那是我日夜思念深深爱着的人啊
到底我该如何表达
她会接受我吗
也许永远都不会跟她说出那句话
注定我要浪迹天涯
怎么能有牵挂
梦想总是遥不可及
是不是应该放弃
花开花落又是一季
春天啊你在哪里
……

肖大宝那首缅怀青春的歌曲还在响着，马玲的内心却碎得难以愈合，无论她嫁给包小白还是谁，无论她爱不爱对方，无论她过得奢侈还是贫穷，无论她悲伤还是幸福，她自己都知道，在她内心深处，永远有一份未能追寻到的爱情在她的前方飘摇不定。

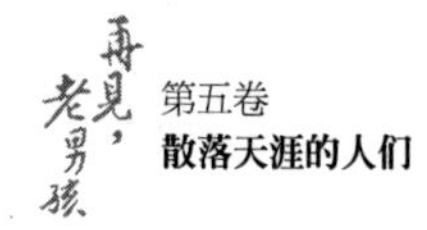

_14

韩福国老人坐在轮椅上，他的后老伴儿李秀芬正耐心喂他喝粥，老爷子张着嘴愣愣看着电视，然后喉咙里发出“啊啊”的声音，李秀芬老人歪头看了一眼电视，那正是给他们主持婚礼的那个二愣子司仪肖大宝，此时正静静地坐在椅子上唱着歌曲。

青春如同奔流的江河
一去不回来不及道别
只剩下麻木的我
没有了当年的热血
看那满天飘零的花朵
在最美丽的时刻凋谢
有谁会记得这世界他曾经来过
……

“年轻人就是能折腾，小伙子真有能耐，上电视上唱歌去了，呵呵。”李秀芬老人笑着说道。

李秀芬老人一边喂着韩福国老爷子喝粥，一边听着歌曲感慨，六十多年的光阴就如同翻书一般一页页翻过，从怀春少女变成垂垂老矣的老妪，那乌黑长发编织的大长辫子变成了雪花覆盖的银丝，那儿时的欢乐时光，搞对象扭捏的神态，第一次生孩子时痛不欲生的感受，都如同历史一般，随着时间而远去。如今，唯一的念想，就是陪着眼前的老伴儿安安静静、平平安安、简简单单、快快乐乐地过完余生，然后微笑地离开，等待那不知道有没有的轮回。

人生一世，四季轮回，她能享受的一切都享受了，她来过这个世界，哭过、笑过、痛苦过、幸福过，到现在她觉得一切都不重要了，钱多钱少都不是那么要紧的事儿了，一天三顿粗茶淡饭，吃得乐呵呵也挺好，儿女的事情就由儿女们自己去操心吧，她管不了那么多了，从小为父母而活，长大为男人而活，有孩子之后为孩子而活，终于可以撒把手，消停过自己的日子了。

生活就是一间神秘的屋子，这屋子只有两扇门，推开一扇门你一无所有地进来，推开另一扇门你一无所有地离开，两扇门都有门牌，一个写着生，一个写着死。

“对了，老头子，我可不是吹牛，我年轻的时候，也很漂亮。”李秀芬说道。

_15

一滴泪水从墨镜下沿滑落，包小白竟然也会落泪，他赶紧悄悄擦拭眼泪，不让任何人看到。

那一滴泪，夹杂了时常回忆却又不堪回首的往事，包小白始终没能释然当初被肖大宝的欺负，以及帮他们去追求自己心爱的女孩。他时常被回忆弄得暴躁不堪，因为所有关于回忆的画面都是双重的，一个是他和肖大宝这群人在学校顶楼偷偷抽烟，然后气焰嚣张地和其他学校的孩子打架，偶尔也会望着远方天空守望未知的岁月；另一个是当着马玲的面，他被肖大宝百般蹂躏，这让他时常无地自容。

如今他成功了，有钱了，走到哪里都是有头有脸的人了，谁见着他都要毕恭毕敬地叫一声“包总”，他一句话可以改变很多人的一生，他有些飘浮，如同倒挂在天空一般地行走，头重脚轻。

有人说他堕落了，变得有些卑鄙，有些无耻。不过他不承认，他觉得一切都没变，日月星辰依然按照自己的轨迹升起落下，城市依然喧嚣，人群依然忙碌，命运依然浮沉，他只不过有钱了，可以用这些钱给自己换来一个上流人士的身份，然后去做一些下流的事儿。这一切都是这个时代所需要的游戏规则，他不遵守，就必被踢出局。

此刻，包小白的胸口像被堵住一般的压抑难忍，那些往事在内心反反复复地冲击着他，与此同时，肖大宝的歌声仍在继续：

生活像一把无情刻刀
改变了我们模样
未曾绽放就要枯萎吗
我有过梦想
……

包小白那刚刚擦拭干净的脸庞又挂起一行泪痕……

时间如同一只永不停歇的鸟儿，穿过一个又一个人的生命，飞翔在一个又一个人的命运之间，它带走了很多我们曾经拥有却不懂得珍惜的东西，同时也带给了我们很多不是我们想要的却让我们误以为这就是正确的东西。

_16

韩明穿着一身连衣裙坐在酒吧的吧台上，面前摆着一大杯威士忌，泪水从脸庞滑落到酒杯里，荡起涟漪，他抬头看着酒吧电视里那一改往日沉稳、略带颓废的理发师老王，如今正如同一个追梦少年一般在梦想世界里挥舞着那红色丝绸带，潇洒飘逸地跳着。

很多年前，他和王小帅一样，是一个爱唱歌的文艺少年，他从遥远的南方穿过几百公里来到北京追寻他的文艺梦，住在地下室的小屋内，啃着馒头吃着仅有的酱豆腐，呼吸着沉默憋屈的空气，承受着一天天没有阳光的日子，但他仍然充满斗志，心存侥幸，等待那功成名就的一天。

一天又一天，梦想似乎对他变得陌生而又遥远，当初离开老家孤身北上时留下的豪言壮语早已不复存在，或许他已记不清说过什么了，而那些言语一直支撑着自己美丽的梦，也像是遗失在生活的风雨中，伸出手，什么也不曾握住，迈开脚，却找不到方向。

曾经意气风发、豪情万丈，到如今男扮女装的颠覆演出才能换来一点儿可怜的酒吧出场机会，这让他饱受打击却不得不强颜欢笑。

每次演出完毕，回到那几平米的地下室小屋，看着镜子里文眉描眼、穿着裙子丝袜的自己，他都忍不住会吐出来，但他知道只有这样自己才可以换来机会，让自己有吃有喝，有钱交房租，能活下去。他如同当年的项羽，身败名裂，无颜回家，因为他吹了太多的牛，至今却无法圆上。

他渴望成为明星，渴望无数人为他欢呼雀跃，渴望一个属于自己的舞台。为此，他放弃了老家的一切，离开了满脸风霜、手上都是老茧的父亲，离开了一辈子没出过县城只知道缝缝补补的母亲，告别了从小一起长大的朋友，狠心切断了深爱自己的那个女孩的情丝，他一无所有地来追梦，到现在依然一无所有地把梦击碎，他已经没有力气再去追梦，也没有勇气告诉自己梦早已醒。

很多年没回去了，他不知道父亲的风湿关节炎现在怎么样了，他不知道母亲的腰间盘突出怎么样了，他不知道那些儿时伙伴是不是早已成家立业，不知道那个女孩是不是早已嫁给他人生了孩子，他没有勇气去面对、去回忆。

看着电视，他哭着，不能自已，没有人知道这个被大家看做人妖的人为什么情绪忽然失常，似乎他本来就是被大家取笑的一个小人物。韩明忽然开始想家了，他要回家，一定要回家，脱下那裹腿的丝袜，撕开那妖艳的裙子，洗干净自己浓妆艳抹的脸，找老王剪一个寸头，然后大步挺胸回家，抛开一切去回家，尽管这城市的繁华继续，但他却要永远离开，每个人内心都有一盏温暖自己的灯火，他的灯火在几百公里以外的地方，而不是在霓虹闪烁的这里。

从老家离开的时候，韩明23岁，很穷，但很善良，价值观没有被扭曲，如今，北京这座繁华都市，谁可以为他付出的努力作一个见证？谁可以为他的梦想埋单？

十一年过去了，韩明34岁，依然很穷，内心不再善良，一切都很糟糕，他不再相信“付出就有回报”这句话了，他也不再相信任何人对他说“只要坚持就能成功”这句话了。

一切都是生活，毫无规律可言。

_17

每当夜色深到一定程度之后，雷大斌才开着那辆出租车疲惫不堪地驶向回家的路，路上总看到成群结队的男孩、女孩们，在马路边放肆地闹着、叫着，在各大酒吧门口吵着、玩着，他们勾肩搭背，旁若无人。

他下车回到家里，黑黢黢的屋子没有他想象的饭菜，他打开灯，家里凌乱不堪。他叹了一口气，然后饿着肚子，颓在沙发上就那么静静坐着，抽着那劣质的香烟。

这些日子，他老婆一直跟他闹离婚，昨晚还一夜不眠地和他吵，弄得他一天都昏昏沉沉，那些尖酸刻薄的话一直在耳边不住盘旋。

走了，他老婆还是和外面那个野男人走了，去了哪里不得而知，雷大斌记不清楚这是第几次他老婆离家出走了，他已经没有再去寻找的念头。

他打开冰箱，空空荡荡，叹了一口气然后关上，从桌上顺手拿起一瓶扁瓶的二锅头，然后一口口喝着。

渐渐地，他眼神开始飘忽，家里安静得如同墓地，雷大斌晃晃悠悠地去打开电视，然后靠在门上，歪着头。

门上贴着很多照片，那些照片都是同一个少年，那少年穿着红色漆皮霹雳舞服，一张稚嫩洋溢着青春的脸庞，一头厚厚的如同云絮般的烫发，少年嘴角挂着倔犟的微笑，眼神散发着异样的兴奋。

那一年，雷大斌不到20岁，酷爱霹雳舞，对未来充满热情，梦想成为全球最牛逼的霹雳舞者；这一年，雷大斌接近四十，喜欢喝酒，对未来充满消极，梦想就是出租车的份儿钱能便宜一些，生活只有一个念想，就是希望自己的老婆回来，然后安安静静过日子。

那一年，雷大斌混迹街头闹市，打架泡妞不可一世，那如铁锤一般的拳头是他的名片，总能解决很多问题；这一年，雷大斌开着出租车，低头哈腰面对每位客人，老婆跟别的野男人鬼混，那铁锤一般的拳头唯有打向自己。

他很少去看那些照片，总觉得那是不真切的记忆，像从未发生过。他的故事，他的悲欢只是这人潮人海都市中的简单一幕，没人会为了他曾经的梦想而激动，也不会有人为了他的悲伤而落泪。

雷大斌活了快四十年，他本以为自己会看清很多东西，那些年的时光总会为他换回来一点儿可怜的生活经验，但他发现自己大错特错，活得越久越看不清楚这个时代，这年头是那么虚拟而不真实，只要你活着，每天都要被无聊信息包围，被虚假新闻左右，被舆论导向掌控，被虚荣之毒附身，被攀比之蛊洗脑，疲于奔命去追求错误的幸福，幸福很容易，但错就错在我们追求的不是幸福，而是比别人幸福。

他不知道一生到底要多少钱才可以微笑地对别人说自己幸福，不知道一生到底要爬到什么高度才可以自信地对别人说自己成功……

雷大斌眯着眼睛，努力辨认电视画面里的人，那个记忆深处有些模糊的人。

往事如默片一般涌上来，他想起了那个夕阳西沉的下午，那个城乡结合部的空旷之地，那个跪在他面前的肖大宝，那个动作诡异的王小帅……

节目结束，“筷子兄弟”被淘汰了，雷大斌眼中噙着泪水，久久凝视着电视，静静聆听那歌声，万般无奈忽然涌上心头，举起那一瓶二锅头，一饮而尽。

酒瓶落地，碎得七零八落，然后雷大斌踉踉跄跄地爬到沙发上开始昏昏沉沉睡去，这一夜，他睡得很不踏实，做了很多很多的梦，梦里却是夕阳如金的白天和皓月如银的夜晚轮回交替，而唯一不变的画面就是那个穿着红色衣服的少年，跳着动感的霹雳舞，浑身上下飞扬着青春与活力。

_18

歌声停止了，全场寂静，没有掌声，没有欢呼，仿佛时间静止一般。

一个评委从思绪中清醒过来，他抬起手，颤抖地按下了那个代表淘汰的按钮，其余几位评委也如梦方醒一般，纷纷按下了早已安排好的按钮。

包小白忽然想去阻止，但一切都已太晚了。

结果已经出来了，“筷子兄弟”，淘汰……

肖大宝默默收起吉他，脸上挂着释然的笑容，王小帅擦拭着额头的汗珠，也憨厚地笑了笑。

结束了，两个老男孩的追梦之旅到此结束。

这一夜，有多少人在他们的歌声中追忆那似水流年的岁月？

这一夜，有多少人陪着他们的悲欢离合而默默流泪？

这一夜，谁又想起了谁的青春岁月，谁又缅怀着那些编织梦想的时光？

这一夜，谁又想起了他们，而他们又想起了谁？

一支烟不能抽到天明，终有曲终人散之刻，那些该离开的人离开，该忙碌的人忙碌，该记住的人记住，该忘记的人忘记，一切都不曾改变。只是很多人都会偶尔感慨，有那么两个人，用他们的逝去的年华谱写的那么一首歌曲，让人们可以在那一瞬间追忆那曾经一晃而过的时常偏执、时常自以为是、时常做白日梦、时常轻易允诺、时常得意扬扬的日子，而那些日子也永不再来。

_19

我们经历着生活中突然降临的一切，毫无防备，就像演员进入初排。如果生活中的第一次彩排便是生活本身，那生活有什么价值呢？

——《生命中不能承受之轻》米兰·昆德拉

_20

一切都是命运

一切都是烟云

一切都是没有结局的开始

一切都是稍纵即逝的追寻

一切欢乐都没有微笑

一切苦难都没有泪痕

一切语言都是重复

一切交往都是初逢

一切爱情都在心里

一切往事都在梦中

一切希望都带着注释

一切信仰都带着呻吟

一切爆发都有片刻的宁静

一切死亡都有冗长的回声

——《一切》北岛

_21

一床都是湿润的纸巾，马玲红着眼睛正默默抽着烟，烟灰落在床

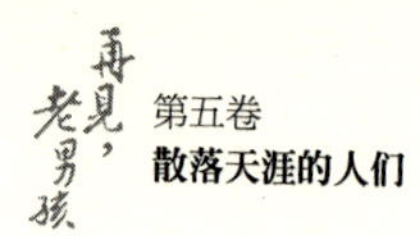

上，她浑然不知。

“欢乐男生”的比赛已经结束了，全国50强已经脱颖而出了，肖大宝和王小帅被淘汰出局。

“当当当”家里老旧的摆钟发出十二声低沉的声响，十二点了。

这个摆钟是最疼爱她的奶奶的唯一遗物，她舍不得扔掉，无论住在哪里都会带着这个摆钟作为时间的参照物，尽管她手中的iphone4以及手腕上的百达翡丽能够准确地告诉她时间，但只要在家，她依旧习惯性地去看那个摇摆不定的钟表上的指针。

此刻，房内老旧的钟声再次响起，一声声在这安静的房间里回荡，更突显房内的静谧。包小白无数次抗议这低沉的声音破坏了他的睡眠，但马玲依旧坚持摆在客厅，不舍收起，那低沉萧索的声音总能把马玲带回到那些天空蔚蓝的年代，那时她穿着碎花连衣裙，在院内跳着皮筋，奶奶在一旁慈祥地看着自己，钟声忽然响起，奶奶便起身回屋去给她做饭……

房门被打开了，包小白表情有些疲惫、颓废地走了进来。

包小白把西服挂在衣架上，然后换好拖鞋一屁股坐在沙发上：“老婆，我回来了。”

“哦。”马玲也从若有所思的状态中清醒过来，“肖大宝和王小帅被淘汰了？”

“嗯。”包小白有气无力地答了一声。

“为什么？”

“我……无能为力，评委的决定。”

“放屁！你他妈是谁啊？评委敢违你的意？”马玲忽然吼道。

包小白也吼了起来："马玲，你要知道你是谁老婆！我做什么事情你支不支持我无所谓，但是你别跟着瞎起哄，你就乖乖在家做你的少奶奶！别不知足了！"

话说出口后，包小白意识到这话说得有点儿深了，有点儿伤人了，他也不知道自己为什么这么大火气，像心中有着很多年的积郁无处发泄一般。

马玲闭嘴了，包小白也闭嘴了。两人彼此沉默，屋内只有按动打火机的响声和烟草被燃烧的声音。

"小白，你爱我吗？"马玲忽然说道。

"爱，不然我娶你做什么。"

马玲苦笑："我都知道，我都懂，你骗你自己。"

"有必要吗？我说爱你就是爱你。"

"你爱的是上学时候的我。"

包小白沉默了。不错，他爱的是当年那个梳着两个大辫子的单纯高傲的女孩，那个撑着把小伞走在雨中的女孩，而不是现在这个变得近乎于物质需求大于一切的女人，结婚前他都未曾想过时间改变了一切，他一直渴望成功辉煌，渴望神气活现地出现在马玲面前，他做到了，但那个曾经的马玲早已荡然无存了，但他还是义无反顾地娶了她，为了圆自己年少时的那个梦。肖大宝有着肖大宝的梦，王小帅有着王小帅的梦，而他的梦想却很简单，就是娶马玲做老婆，如今梦实现了，只是这一切都已经变味了。

"其实我也不爱你。"马玲吐了一口烟说道，"我不知道我爱谁，我也不知道谁值得我爱，我更不知道什么叫做爱，男人都一德行，同样是男人，同样是不爱，既然这样，我只能嫁给你，因为你有钱。”

“我知道你不爱我，但以为你会改变，但你没改变，我不怪你，只能怪我没让你爱我到改变自己的地步，还是我无能。”

“与你无关，我只是忽然之间找到了一些东西的答案，对，我找到了我们之间的答案，这答案尽管让我恶心，让我自己看不起自己，但它就是唯一的答案，那就是我像个妓女一样天天卖淫，然后你给我钱让我去享受。”

“你想说什么？我很累，咱们别互揭伤疤了，给彼此留点儿好印象吧。”

“离婚吧。”

“……”

“你还有什么可犹豫的？”

“……没了，我同意。”

“明天就去。”

“好，现在我想睡觉了，太累了。”

低沉的钟声再次响起。

再见，老男孩

第六卷
让梦想照进现实

无论生活多么平淡如水或是变幻莫测，都赋予了我们享受的权利，包括快乐和痛苦。

_00

有梦想是一回事儿，能不能实现又是一码事儿，你有事儿没事儿就祷告上帝，但上帝爷爷是不是二十四小时都闲得有空能管理你又是一码事儿，所以我们一边祷告上帝为我们的梦想埋单，一边还要各司其职、各安天命地该干吗干吗去。

都是成年人了，要懂得梦想、理想这些玩意儿，不过是嘴里吹出的肥皂泡，把肥皂泡当成生活的本质，这错误我们不该犯。跟世界别较劲儿，跟生活别较劲儿，跟自己也别较劲儿。

无论生活多么平淡如水或变幻莫测，都赋予了我们一项权利，那就是享受，包括快乐和痛苦。

_01

太阳从东方地平线上缓缓升起，那金黄色的光无限蔓延，将这个世界改变了颜色。

又是新的一天，市场上，女人们购买着春天，男人们为女人们的春天而结账，所有的场景都似乎发生在昨天，街头两侧的树木依旧郁郁葱葱，依旧漫天飞舞着白絮，闹市的人群依旧熙熙攘攘，或交头接耳，或挽手而行，或表情阴郁，或双眼乱转，还有那穿梭的车流依旧匆匆疾驰，隔壁大爷的咳嗽声依旧洪亮，对门胖女人的小狗依然欢蹦乱跳，对着路人狂吠不止。

王小帅又重新拿起了剪刀，为每一个新老顾客剪出他们满意的发型，肖大宝依然吊儿郎当地干着那些让人觉得揪心而不靠谱的事儿，他们都是生活里的虫子，飞来飞去。

_02

“这次又要剪什么发型？”老王微笑说道。

“寸头，标准的寸头，特爷们儿的那种。”韩明坚定地说道。

“终于想做回男人了？”王小帅问道。

“我本来就是一个男人。”韩明淡淡说，“哎，对了，真没想到，你那舞跳得那么好，你们唱得也那么好，反正我觉得你们不该被淘汰。”

王小帅笑而不答，对他而言，梦想已经实现了，剩下的就是好好过日子了。

“哎，我真没觉得那群小孩有多好看，对了，你有他们谁的电话吗？”韩明又继续问。

……

王小帅歪头笑着望去，几个大妈正举着支持“筷子兄弟”的牌子坐在那里，等着理发。

_03

某度假中心的露天婚礼现场，肖大宝穿着那象征着喜庆的红色衬衫正主持着一场集体婚礼：“朋友们，让我们把幸福集中在这幸福之门，就在今天，十二位新人结束了他们的爱情长跑，携手步入了婚姻的圣堂，步入人生幸福的阶段……”

十二位新人平均年龄60岁，他们看着空中燃放的礼花弹，看着蓝天白云之间飞翔的白鸽，脸上都洋溢着幸福和满足的神情，对他们而言，幸福其实很简单，有个老伴儿，一起遛遛弯儿、看看电视、转转早市和小贩们讨价还价，生命中那剩余的冗繁岁月里，幸福就会不期而至。

_04

“来，尝尝这个，正宗的法国鹅肝。”包小白一边倒着红酒一边说道。

肖大宝还有王小帅盯着一桌西餐，手里举着刀叉，不知从何入手。

“真费劲儿，还不如吃点儿烤串去呢。”肖大宝叉起一个牛排说道。

王小帅假装儒雅地喝了一口红酒，然后咂咂嘴：“还是啤酒好喝。”

包小白微笑地指着他们两个人：“村炮儿。”

三个人，嘻嘻哈哈，笑成一团。

“哎，以后有什么打算？”包小白问道。

“理发呗，我还是想去日本深造一下。”王小帅说道，“要不然怎么着呢？我们比不了你，穷家小户的有个摊子就不错了，至少不用上班受气，自己给自己打工，少操点儿心，累点儿倒无所谓。”

肖大宝擦了擦嘴：“婚庆这浑水我是蹚熟了，那点儿猫腻也都知道了，投资不大，回报不小，这行业不愁没生意，只要不是世界末日，年年都有结婚的，我惦记自己撑起一婚庆摊子，总给别人跑腿也不是事儿。”

“哦，也不错，自己折腾折腾，不错。”包小白点了一支烟说道，“不过我倒是有一个建议，你们听听，看看能不能一起玩玩？”

王小帅和肖大宝对视一眼：“什么事？”

“我前阵子注册了一家娱乐公司，现在想签一些有实力、有潜力的歌手，然后再签几个面熟、但是不瘟不火的二三线演员，鼓捣点儿唱片，鼓捣点儿影视。我今儿约你们就是想签你们做歌手，考虑考虑，咱说实话啊，你们实力不是很强，但我有专业的策划团队，到时候一炒你们，就一炮而红，况且那个‘欢乐男生’给你们也攒了不少人气，现在不用，再过几年就没人记得你们是谁了，咱们都是从小玩到大的朋友，我这算帮你们一把，我相信你们的潜质，到时候你们真能大红大紫了，咱们就互相帮助、互相赚钱了，怎么样，一起玩吗？”包小白缓缓说道。

“好。”两人答道。

尾声
结局或开始

屋内只剩下马玲和安静如昔的肖大宝，马玲托着脸颊静静看着他，然后拉起肖大宝的手轻轻放在自己脸上，泪水无声无息地滑落。

一瞬间，她忽然感到肖大宝的手指正轻微颤抖着，她以为这是错觉，可那手指却轻轻动了起来……

_00

“兄弟，这就是我们所有的过往，我无一遗漏地全讲给你听了，醒来吧，醒来吧。”王小帅靠在墙上，看着躺在病床上的肖大宝。

“老王，我先走了，好几天没出活儿了，再歇下去，这月我就得借高利贷了。”雷大斌揉了揉自己干涩的眼睛苦笑道，“我回家休息一下，明天开始天天玩了命地拉活儿，争取把这月的份儿钱提前拉出来，然后再过来陪你跟大宝聊天。”

“谢谢了，老雷。”王小帅起身拍了拍雷大斌的肩膀，“走吧，你家里还有一大堆乱七八糟的事情呢，拖你好几天了，我都不好意思了。”

“老雷，这是三千块钱，你拿着，算是你这几天的损失。”包小白从包里掏出一沓钱，递给雷大斌。

“别弄这个了，你有钱也没这么寒碜人的，我为的是这个朋友，和钱无关。”雷大斌疲惫地笑了笑，转身就走了。

张建国和李大海也走了，每个人都揉着干涩的眼睛，拖着疲惫的身躯走了，他们所能作的努力也仅仅如此了，剩下的就是听天由命了。

马玲靠在窗边，静静看着窗外，包小白想过去说几句话，但又觉得既然离婚了也就没什么可说的了，叹了口气，也离开这个病房了。

“王小帅，你也休息一下去吧。”马玲坐在肖大宝的病床前说道。

王小帅叹了口气：“所有人都来了，也都走了，一年了，大宝还是这样，说实话，大家都快失去耐心了，我……自己也没有信心了。”

“事在人为，如今我们只有继续坚持，反正我也没什么事，每天能和你们聊会儿，挺好。”

“那，我回家看看店去，顺便睡一会儿，你有事儿给我打电话。”王小帅疲惫说道，然后起身出去了。

屋内只剩下马玲和安静如昔的肖大宝，马玲托着脸颊静静看着他，然后拉起肖大宝的手轻轻放在自己脸上，泪水无声无息地滑落。

一瞬间，她忽然感到肖大宝的手指正轻微颤抖着，她以为这是错觉，可肖大宝那手指却轻轻动了起来，为她慢慢擦拭着泪水……

“马，马玲……”肖大宝张开嘴，微弱地说道。

_01

“大宝，这杯酒我敬你，我对不起你。”王小帅拿起酒杯一饮而尽。

“别，别……哎哟，至于吗，我这不是生龙活虎的吗，你不欠我什么，没有你，我也醒不过来，一事抵一事，咱平了，没事儿了，那点儿破事儿都他妈过去了。别提了，以后你还是你我还是我，什么‘筷子兄弟’不兄弟的，咱就是兄弟，咱还是永生的伴儿，倍儿铁的磁。”肖大宝也举起酒杯，“你既然干了，那我也干一个，你那个是谢罪，我这个是感谢。”

说完，肖大宝一饮而尽，辣得眼泪流了出来：“一年多没喝酒了，不适应了。”

“再抽根烟吧，憋一年了。”王小帅又递给肖大宝一支烟。

肖大宝接过烟：“老王，我忽然有一种恍如隔世的感觉，很多以前想不开的事情现在豁然开朗了，好像是脑子给撞开窍了似的。这几天，我一直在想，什么钱不钱、事业不事业的，都挺扯淡的，也挺飘的，挺虚的，咱没有那金刚钻，以后也别揽瓷器活儿了，我以后还是想弄我那个婚庆公司，你还是回你的理发店美容院，咱们各就各位，从头来过，有点儿小钱够吃够喝就挺好，人生是一个大舞台，咱们就是一个小虾米……”

王小帅微笑地看着滔滔不绝的肖大宝，时间改变了很多，但有些东西尚未改变，肖大宝还是那副德行，一说起话来就没完没了，车轱辘话轮番说，笑着笑着，王小帅的泪水慢慢流下来。

王小帅擦了一下眼泪：“真不该让你醒过来，嘟嘟囔囔，真他妈烦。”

“哎，对了，老王，这几天建国、大海、雷大斌都见着了，怎么就没看见马玲啊？我就醒来的时候看见她一眼，然后就没影儿了。”

“她跟包子离婚了，你醒了之后她就走了，好像是回老家和她妈一起过去了，本来今儿个想打电话把她叫过来，她说有事儿不来了，让我带个好，让你注意身体，刚恢复过来别喝大酒。”

“离婚了？……太好了！”肖大宝一拍桌子叫道。

“你吃撑着了？吓他妈我一跳。”

“哎哟，你是饱汉子不知饿汉子饥啊，你跟你们家那肉球天天腻味的，我这儿呢，天天一人耍单儿，以前马玲没离婚，我不好意思当第三者啊，现在离婚了，我能明目张胆地去追啊，真是天赐良机啊，不成，不吃了，我等不及了，我死磨硬泡、玩不要脸，也得把马玲带回来！”

_02

“马玲，你跟包子真离婚了？”肖大宝一边吃着西餐一边问道。

马玲眼神有些黯淡：“累了，太累了，离了对彼此都好吧，包子对我挺好的，是个好人，我挺对不起他的。”

“那……有什么考虑没有？”肖大宝小心翼翼问道。

“考虑什么？”

“这漫漫人生路，你一个人怎么走下去，你这年龄正是如狼似虎的阶段，你怎么忍受独守空房的寂寞啊？”

“滚蛋，再胡说八道，我走了啊。”

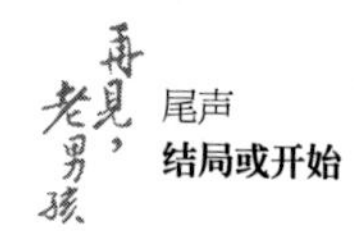

“别别别，说真的，你就真没考虑过再找个伴儿，然后手拉着手、肩并着肩在人生苦海中共同奋斗？”

“现在也没心情想了，一想起婚姻就有点儿心有余悸，我不想再害谁了。”

“错，该害还得害，人这一辈子磕磕绊绊的，谁能保证不伤害谁啊？要么……你害害我？”

“你？歇菜吧，刚从植物人清醒过来，我再给你刺激回去，折腾不折腾啊。”

“没事儿，没事儿，植物人我都能扛过来，还有什么罪我受不了啊？这样吧，你害我一次试试，害得深呢咱俩就结婚，害得浅呢咱俩就拜拜，怎么样？”

“你疯了吧，肖大宝？我这么一个爱慕虚荣、贪图安逸且跟很多男人上过床的女人，你娶我做什么？”

“做什么？做老婆啊。”

“我不适合你，我还是觉得李芳适合你。”

“她跟她老公也没离婚，我没戏。”

“那我牺牲一次，勾引她老公，然后让她捉奸去，最后你在她最脆弱的时候出面安慰她，一拍即合，水到渠成，她离婚，你未婚，你们这不就凑齐了吗？”

“我挺喜欢她的，但有一点我一直没和你说过，就是我们在一起的时候，你的影子在我心里也一直挥之不去，我以为有了李芳就能忘了你，但我没能做到，我也知道，你这么多年不容易，我不知道你为什么非要装出一副虚荣势利的样子，但我觉得其实你不是这样的人，你就是……太寂寞了吧。”

马玲的心如同被针扎一般，她克制着情绪，喝了一口冰水，却没有说话。

肖大宝看看四周，然后对马玲说道：“你等会儿我。”

说完肖大宝便冲到了西餐店的钢琴师那里：“哥们儿，借我用一下，我要求婚。”

钢琴师会心一笑，每年他都能遇到在这里求婚的人，见怪不怪地把座位让给了肖大宝。

肖大宝坐在钢琴前，然后对着话筒说道：

“马玲，我喜欢你，不管你是什么样的女人，我都喜欢你。我从小就喜欢你，现在依然喜欢你，我这辈子没干过什么惊天动地的大事，要说唯一能拿出手值得炫耀的，就是我对你的爱，这么多年一直未曾改变。

“这世界有太多诱惑，每个人都在生命某个阶段里有着无数选择，时间就这么无情地流逝，我还是一如既往的坚定，一如既往喜欢你，而且我还可以负责任地告诉你，只要你不死，我的贼心就不死！假如你自杀，我一激动也陪你殉情，做鬼我也不放过你！

“我没钱，我爸不是李嘉诚，我在美国也没有一个叫比尔·盖茨的舅舅，但我有一颗特纯粹的拿钱买不到的心，其实两个人在一起非要那么多钱吗？多少钱算多？一百万还是一亿？钱再多，也不过是卡上那些数字而已，你可以拿钱去买LV的包，但那个包就真的比塑料袋强多少

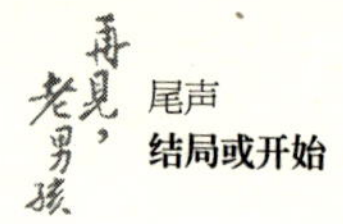

吗？有钱没钱都是一辈子，你过得快乐幸福就是富有的人。多大的房子算舒服？别墅还是复式还是四合院？房子再大再豪华，你终究还是要睡在一个屋、睡在一张床上。我什么也没有，我只能给你一个男人应尽的责任，让你那颗孤独疲惫的心变得快乐充实起来，我保证你哭的时候一转身就能靠在我肩上，我保证你烦的时候一抬头就能看见我这个人肉沙袋，我保证你饿的时候桌上马上就有一碗红烧肉，我保证……”

马玲微笑地看着肖大宝，泪水肆意流着：“我想听歌。”

“好，想听什么，我现在就给你唱！”

“我想听《小芳》。”

“哥们儿，我不会弹钢琴，你这儿有吉他吗……”

优阅吧，只为打造优质阅读。

知名青年出版人一草于 2010 年创建。

隶属于中国最具创造力的民营出版公司——博集天卷，

为其独属出版品牌。

优阅吧品牌形象为送书小松鼠。

看好这只松鼠，本本都是好书。

图书在版编目（CIP）数据

再见，老男孩 / 筷子兄弟著. — 南京：江苏文艺出版社，2011.11
ISBN 978-7-5399-4367-1

Ⅰ.①再… Ⅱ.①筷… Ⅲ.①长篇小说—中国—当代
Ⅳ.①I247.5
中国版本图书馆CIP数据核字(2011)第053222号

上架建议：长篇小说

再见，老男孩

著　　者： 筷子兄弟
出 品 人： 黄小初
总 策 划： 汪修荣
总 监 制： 尹　萌　一　草
选题策划： 王雁雁
责任编辑： 王雁雁
特约编辑： 戴克莎
助理编辑： 孙硕颖　林　霏
营销编辑： 布　狄　包　包
美术编辑： 吴　捷　姜利锐
美编助理： 孔文伟　权立峰
文学统筹： 张　祎　刘　勇　徐明旭
出版发行： 凤凰出版传媒集团
江苏文艺出版社 http://www.jswenyi.com)
集团网址： 凤凰出版传媒网 http://www.ppm.cn
印　　刷： 三河市鑫金马印装有限公司
经　　销： 新华书店
开　　本： 880×1230　1/32
字　　数： 150千字
印　　张： 6
版　　次： 2011年11月第1版第1次印刷
书　　号： ISBN 978-7-5399-4367-1
定　　价： 29. 80元

只因那时年少，爱把承诺说得太早
只因那时年少，才把未来想得太好

《那时年少》

最真实动人的怀旧小说，写尽你我逝去青春和爱情
超值赠送同名音乐大碟，全国热卖，敬请关注

这本书是写给你、写给我，写给无数个曾在本世纪年少过、纯真过的人们。一代人的青春，一代人的纯真就那么不知不觉中被埋葬。

——桐华